殺め家《アヤメヤ》

高木瑞穂＝編
八木澤高明＝著

TETSUJINSYA

新潟少女監禁事件

佐藤宣行／懲役一四年

ベッドの上で食事を取り、排泄もビニール袋にすることを強いられた監禁部屋

監禁部屋

二〇〇〇年一月のある日。写真週刊誌のカメラマンになったばかりだった私は、新人がやることになっている写真の紙焼きのため暗室にいた。

暗室の外には、テレビが置かれていて、たまたま流れてきたニュース速報に目が釘付けになった。

ネットニュースが浸透していなかった当時、テレビのニュース速報が、一大事を伝える重要な手段であった。

その速報は、新潟で九年二ヶ月にわたって監禁されていた少女が発見され、監禁していた男を逮捕したというものだった。

そのニュースに衝撃を受けた私は、どうしても現場に行きたいと思い、事件を担当しているデスクに速報が終わる間も無く電話した。

「そんな事件が起きたのか、そんなに行きたいなら、行ってもいいよ」

デスクは、速報が流れたばかりであり、事件のことを知らなかった。

犯人の男が少女を監禁していたのは、JR柏崎駅から、歩いて三〇分ほどの場所にある住宅街の民家だった。

九年二ヶ月にもわたって少女を監禁していた男の名前は佐藤宣行（当時三七歳）、高校卒業後地元の企業に就職するが、三ヶ月で退職し、その後は家に引きこもった。

父親はすでに亡くなっていて、母親と二人暮らしだった。佐藤は一人っ子で、さらに父親が六三歳、母親が三八歳の時に生まれたこともあり、両親から溺愛され、育てられた。

両親は佐藤が望むものすべてを買い与えたという。ところが、小学校に入ると、高齢の父親をまわりの同級生たちが、「佐藤のお父さんはお爺さんみたいだ」と言って、からかいはじめた。それにより深く傷ついた佐藤は、父親を遠ざけるようになった。

その父親も佐藤が中学生の時にこの世を去った。

母親と二人だけとなったあとは、母親を使用人のように使い、競馬の馬券から、日用品などの買い物を命じた。

幼い時から、わがまま放題で育った佐藤は、年を重ねるごとに、己の欲望を制御できない怪物となっていたのだった。

彼が二八歳の時、母親が買い与えることができないものを手に入れるようと犯行に走った。

佐藤が目をつけたのは幼い少女だった。

一九九〇年一一月一三日、長岡市内の田園地帯で下校途中の少女（当時九歳）を見つけ、ナイフを突き出し、脅し、車のトランクへ入れて、自宅へと連れ去ったのだった。

自宅の二階の部屋に少女を監禁し、セミダブルのベッドから動くことを許さず、少女が自分の命令に従わないものなら、殴りつけ、時にはスタンガンを当てるなどして、少女を完全に服従させたのだった。彼女はベッドの上で食事を取り、排泄も佐藤が用意したビニール袋にすることを強いられた。

佐藤と一緒に暮らしていた母親は、一般的な感覚として、少女の存在に気がついていたと考えるのが普通だろう。

監禁部屋へと続く階段

監禁現場となった一軒家外観

監禁部屋から眺めた外の風景。少女もこの景色を眺め、ここから抜け出せることを願っていたのだろうか

佐藤の母親と接触できたのは、事件が発生してから、数ヶ月が過ぎた頃のことだった。

家の前で張り込みを続けていると、近所の人の目につかない早朝四時に彼女は家の近くにあるコンビニに出かけた。

息子が犯罪者として逮捕され、心細さもあったのだろうか、コンビニを出てきたところで話しかけてみると、意外なことに家に招いてくれたのだった。

私が接触した当時、呼吸不全のため彼女は酸素吸入器が手放せない状況で、鼻からチューブが伸びていた。その姿を見て、息子が犯罪者となったのは、彼女にも責任の一端はあったが、憐憫の情を覚えずにはいられなかった。

それにしても、なぜ少女が二階にいることに気がつかなかったのか。

「宣行は、ずっと前から二階に上がるのを嫌がってね。だから私は一〇年以上、上がったこともなかったのよ」

普段顔を合わすことはなかったのだろうか？

「そうだね。食事は階段のところに置いといたのを取りに来て、お風呂は月に一回ぐらい入っていたかな」

「トイレはどうしていたんですか？」

「汚いといって、下のトイレは使わなかったね。二階にはトイレがないから、ビニール袋で用を足していたみたいだね」

彼女の発言から窺えるのは、佐藤の異様な生活ぶりであった。

彼女の案内で、少女が監禁されていた二階に上がった。

母親は一〇年以上にわたって二階に足を踏み入れたことはなく、事件発覚後に久しぶりに足を踏み入れたのだった。

階段を上がると、廊下の床の表面が剥げているのが見えた。排泄物が入ったビニール袋が置かれていたため、腐ってしまったのだ。

ドアを開けると、天井に吊るされたシャンデリアとセミダブルのベッドが目に入ってきた。ベッドのまわりの底板も剥がれている。

被害者の少女はこのセミダブルのベッドの上だけで、いびつな生活を送り続けていた。

ベッドの傍には、ブラウン管のテレビが置かれ、棚にはベータビデオで録画された歌番組などが日付ごとに整理されていた。

佐藤は世間と隔絶された部屋に己の世界を作り上げていた。

この部屋を見て、母親はどんな印象を持ったのだろうか。

「あの子には可哀想なことをしたねぇ」

彼女はどこか他人事のように呟いたのだった。

もう少し、母親が毅然とした態度を息子に対して取っていれば、事件は防ぐことができただろう。

二〇〇三年七月、懲役一四年の実刑判決が確定し、事件発覚から一〇年ほどが過ぎて、母親は亡くなった。

その佐藤も刑期を終え、出所したものの、しばらくして亡くなった。

事件の起きた家は未だに取り壊されることなく、彼の地に建っている。

鳥取連続不審死事件

上田美由紀／死刑

全ての空間がゴミ袋で埋まり、ハムスターが無残にも干からびて死んでいたプレハブ長屋

上田美由紀が家族や被害者と暮らしていた長屋の室内

「臭いはすごいわ、蝿のわき方は尋常じゃなかったんね。窓がおはぎみたいに真っ黒になっているから何かと思ったら、全て小蝿だったんだよ」

鳥取市内のスナックでホステスとして働いていた上田美由紀を取り巻く男たちが謎の死を遂げた事件。二〇一〇年の秋に上田美由紀が暮らしていたプレハブ長屋を訪ねた時のことだった。彼女の家の隣に暮らしている男性は長屋の汚さについて語ってくれたのだった。

私が長屋を訪ねた日は、たまたま大家さん立ち会いのもと、長屋からゴミを出す作業が行われていた。大家さんの許可をもらい部屋の中に立ち入ることができた。

部屋は天井までわずかなスペースをのぞいて、すべての空間がゴミ袋で埋まっていた。ゴミ袋の間から辛うじて見えるタンスの中にはレディースコミックが無造作に入っていた。部屋の片隅に置いてあった鳥かごの中ではハムスターが無残にも干からびて死んでいた。

この長屋では上田美由紀と子どもたち、そして愛人が暮らし、さらには犬や猫までも飼っていたという。果たしてどうしたら、このような場所で生活を営むことができるのか。私の想像を絶する闇がこの小さなプレハブ長屋の中に広がっていたのだった。

スナックのホステスとして働きながら、次から次へと客の男たちを毒牙にかけていった上田美由紀。新聞記者、電気屋、車の営業マン、刑事などその職種は様々だ。写真を見る限りでは、決して美人ではなく、ぽっちゃりとした彼女のどこに魅力があったのか、鳥取市内の繁華街の中に彼女が働いていたスナックがまだ営業を続けているというので、スナックに足を運んでみることにした。

ゴミが出された後の長屋の中

上田美由紀

上田美由紀が暮らした長屋外観

繁華街の中心部にある上田美由紀が働いていたスナックのドアを開けると、広々としたカウンターがある店内から、

「いらっしゃいませ」

という元気な声とは裏腹に、こちらの風体を見定めるような視線をカウンターの中にいる中年のホステスが送ってきた。カウンターの奥にはママと思しき女性が座っていた。

他には、上田美由紀と似たようなぽっちゃりとした女性が中年男の相手をしていた。

おそらく、数限りない報道陣がこの店を訪ねていることと思い、カウンターの中にいるホステスに私は正直に取材に来たことを告げた。チコと名乗った彼女は、いきなり現れた客の素性がわかりほっとしたのか、気さくにいろいろと話してくれた。意外と言ったら失礼かもしれないが、店には入れ替わり立ち替わり客がやって来て、繁盛とまではいかないが、客が途切れることはなかった。

やはり気になるのは、どうして上田美由紀が男をあのように手玉に取ることができたのか、そのことに尽きる。

「今回の事件以外にも、五〇〇万円突っ込んで、殺されそうになった男もいるんよ。その人は酒に薬を入れられて、おかしな味がしたから吐いて助かったのよ。その人が言うには、アソコの具合が良いって、ミミズ千匹って言うでしょう。亡くなった古川さんもみんなそうだと思うよ。あの体に病みつきになっちゃうのよ」

容姿やスタイルも人並み以上とは言い難く、ホステスとして客を引き留めるには、ベッドの上と言うことになるのか。そして、三〇代ということもあり、ホステスの中では一番若いこともこの店で人気が出た

理由だったのかもしれない。

上田美由紀は、鳥取県中部の町で生まれた。その町は、田園風景の広がる素朴な雰囲気の町だった。幼少期にその土地から一〇キロほど離れた海沿いの町に引っ越し、そこで育った。

彼女が良く遊びに来たという理容店の女性が当時のことを話してくれた。

「当時からコロコロしてて、ニコニコよく笑う子だったよ。未だにニュースを見る度に信じられないんよ。まさかこんなあんた、あれやと思わんからね。そがな子でないもん。よくここに顔を出したのは高校を辞めて働きだした頃からかな。子供の頃からあんまり友達がいなかったみたい。この辺の人はうるさいんよ。彼女がどこの生まれだとか、子供には言わんでもいいのに言うもんだから、子供も遊ばなくなるでしょう」

幼少時代から友達もほとんどいなかった上田美由紀はこの理容店に来て、女主人と雑談をするのが息抜きになっていた。一方で、高校時代から教師と名乗る年上の男とも付き合っていて、あけすけに男とのセックスについて話すこともあったという。さらには理容店の男の客にもホテル行こうかなどと冗談で話すこともあり、男についてはかなりませていたという。

ほとんど友達もおらず寂しき幼少時代を過ごした上田美由紀は、後年心の隙間を男と付き合うことで埋めるようとしていたようにも見える。それが時間とともに歪な形へと変わり、男たちを利用して毒牙にかけていった。彼女があのゴミ屋敷で過ごし、犯罪にいたるまでの道は、青春時代からはじまっていたのではないか。

上田美由紀は、二〇一七年に死刑が確定し、二〇二三年一月広島拘置所の居室で食べ物をのどに詰まらせて窒息死したのだった。

奈良月ヶ瀬村
女子中学生殺害事件

丘崎誠人／無期懲役

鬱蒼とした森の中で見た
倒壊した母屋と姉・子供たちが
暮らした物置小屋

森の中にあった朽ち果てた丘崎の家。とても人が暮らせる環境とは思えなかった

西名阪自動車を下りて、月ヶ瀬村（現在は奈良市）へと向かった。私が訪れたのは二〇〇九年の新緑の季節だったこともあり、渓谷を吹き抜ける風が心地よく、山の緑が眩しかった。ただ、この村に暮らしていた女子中学生殺害事件の犯人丘崎誠人にしてみれば、何もかもが恨ましき景色に見えていたのかもしれない。

丘崎が暮らしていた生家跡を訪ねた。今では母屋は壊され、石垣だけが残っていた。ただ姉とその子どもたちが暮らしていた物置小屋は今も薄暗い森の中に隠れるように残っていた。時おり木々が風に揺られて「ギーィッ」と錆び付いたドアが開くような音を立てた。

鬱蒼とした森の中にある丘崎の家は、当時から殆ど日が射さなかったことだろう。地面は水気を含み歩く度にぬめりとして足を取られた。ドクダミの異臭が鼻につく。丘崎が暮らしていた当時、家の中をネズミが走り回り、トイレもなくこの森の中に穴を掘って一家が用を足していたという。果たして、ここに人が住んでいたのだろうか。現在の日本でこのような場所に暮らしていた人々がいたことが衝撃的だつた。

事件以前から、丘崎の一家に対する村人の視線は冷たかった。

「チョーセンだよ、チョーセン」

村人の女性に丘崎について何か覚えていないか尋ねると、開口一番彼女は言ったのだった。両親は日本人ではなく、在日朝鮮人であることを彼女は強調したのだった。

「まさかあんなことをするとわな。よそ者やから墓もここにはあらんしなぁ」

他の村人も丘崎が村の人間ではないことを強調した。

丘崎は月ヶ瀬村で生まれ、育った。父親の代から三〇年以上にわたって村で暮らしてきたのだが、村人

丘崎が暮らした月ヶ瀬村

被害者の墓

女子中学生を殺めた御斎峠

帰宅途中の女子中学生を連れ去った現場

たちは彼らを村の一員として認めることはなかった。

丘崎の父親は内縁関係の母親と丘崎が生まれる数年前から月ヶ瀬村に住み出した。村人によれば、ダム建設の現場で働いていた父親が、母親と出会い、村の物置小屋を借りて住みはじめたのだという。

月ヶ瀬村の歴史は奈良時代に遡り、亡くなった浦久保充代さんが暮らしていた地区は、死者が出た際には土葬で、遺体を埋める墓とお詣りする墓が二つある両墓制という古いしきたりを未だに守っている。村人同士の結束も固く、村の中には与力制度という江戸時代の五人組と似たような制度がある。冠婚葬祭や家の普請まで与力と呼ばれる代表者が取り仕切る。区入りという村の一員になるには与力二人の推薦が必要で、丘崎の一家は区入りはしていなかったため、村八分と言っても良い状態であった。

村の中でのよそ者扱いが、成長するにつれて丘崎の心の中に暗い影を落としていった。

差別にあいながらも、丘崎の父親は真面目に働いていたという。丘崎が乗り回していた四輪駆動車も父親が毎月ローンを支払っていた。父親がよく酒を飲みに来たという食堂の女将が言う。

「お父さんは真面目な人やったよ、日雇いの仕事の他にも、頼まれたら庭の掃除や畑の草刈り、なんでも手を抜かずやりおったよ。特に大酒飲みっていうんなくてな、勘定もきっちり払っていきましたよ。お姉ちゃんも中学を卒業したぐらいの時にうちの店で働いたことがあったのよ、一週間ほどだったけどな」

食堂の女将には真面目に見えたと言う姉はその後未婚の母となり、二人の子どもとともにあの物置小屋で暮らし、マスコミとも大立ち回りを演じた。

黙々と働き続ける父親、徐々に崩れていく子どもたち。果たして父親はどんな気持ちで一家の様子を眺めていたのか。

丘崎は何度か職に就くが、それも長続きせず、親に買ってもらった車で村の中を乗り回し、親だけでなく姉の子の親と思しき男からも恐喝まがいに金を巻き上げて、雄琴のソープランドや競馬場に通った。逮捕時押収された丘崎の車は三ヶ月で五千キロ走っていたという、単純に計算すると一日平均六〇キロ、ほぼ毎日のように村から逃れ都市の中を彷徨っていた。

月ヶ瀬から雄琴へは、山道の中を走り続ける。琵琶湖畔に出ると道は開け、派手なネオンが目立つ。満足に日も射さない薄暗い家に暮らす丘崎にとって、この家電量販店やファミレスやコンビニ、そして雄琴のソープランドのどぎついネオンは、正しく心休まる優しき光だった。ひとときの安穏を終えて、再び電灯一つ無い山道を辿れば、その闇の底には彼にとって忌まわしき家、村がある。

荒んだ、侘しき人生、あの日丘崎が充代さんを殺めた御斎峠へと向かってみた。江戸時代刑場だったという峠は、日暮れとともに真っ暗になり、ほとんど車も通らない。この日は月明かりすら差さなかった。

それにしても丘崎の人生には闇ばかりがついて回る。村人の差別という人間の心の闇、両親の出自にかかわる歴史の闇、満たされることのない己自身の闇、そして森の中の生家や御斎峠、雄琴へと走り続けた山道の闇、闇の中に生きることを宿命づけられたような人生である。月ヶ瀬という地名は、彼にとって良い思い出などまったく無い土地だったかもしれないが、彼の人生を象徴するような地名でもあった。

無期懲役が確定し大分刑務所に収監されていた丘崎は二〇〇一年九月、首つり自殺。闇の中に生きた丘崎は、薄暗い独房の中で、新たな闇を探すかのように、ひっそりと黄泉の国へと旅立って行った。

雄琴のソープランド街。丘崎が足繁く通った土地。世間の悪所は彼にとって癒しの場所だった

群馬女子高生誘拐殺人事件

犯人が暮らした長屋で見た貧困と幸せ

坂本正人／死刑

坂本正人が暮らしていた長屋

二〇〇二年七月に発生した群馬女子高生誘拐殺人事件。群馬県粕川村込皆戸に暮らしていた坂本正人が女子高生を誘拐し、赤城山麓の山林に連れ込んだうえ殺害。女子高生の家族に身代金を要求し、受け渡し場所に現れたところを逮捕された。

犯行の荒っぽさも、現金を要求し、受け渡しの場所にひょっこり現れる間抜けさなど、平成という時代に発生した事件ではなく、どこか前時代的な事件の匂いがするのだった。

そんな事件を起こした坂本はどんな人生を歩んだのだろうか。

坂本は高校中退後、親族の建設会社で働きはじめたが長続きせず、仕事を転々とする。一九九九年には妻子と離婚。原因は坂本のたび重なる家庭内暴力であった。常に金に困っていて、消費者金融からの借金は二〇〇万円ほどになり、定職に就いていなかった坂本は、両親に無心していたという。

日々荒んだ生活を送っていた坂本は、常に金のことが頭から離れなかったのだろう。暮らしていた家からそう遠くない、土地を車で走っていた時に、ちょうど一学期の終業式を終えて、友人たちとの集まりに向かっていた女子高生を視界にとらえたのだった。

坂本は女子高生に道を尋ねるふりをして車へ無理やり押し込んだという。身代金を目的に女子高生を誘拐したのか、それとも暴行が目的で現金の要求は後付けだったのか。

そんな、何の計画性も無く、欲望に赴くままの犯行だった。

事件直後、坂本が暮らしていた小さな長屋を訪ねた。かつてそこでは坂本は妻と子どもの三人で暮らしていた。親族の許可を得て、家へとあがらせてもらうと、室内に坂本が離婚する前に神社で撮影した子供の七五三の時の写真があった。坂本はふっくらとしていて、三人は晴れやかな表情をしていた。その写真からは、一家の大黒柱でもあった男が数年後にこのような事件を起こすとは、まったく想像ができない。楽しい日常が伝わってくる写真でもあり、家庭内暴力を働くような男にも見えなかった。他には、坂本が少年時代の写真があった。少年野球チームで撮ったもので、何かの大会で優勝したのだろうか、その少年たちも誇らしげな顔をしていた。

暮らしていた長屋は、貧しさを感じる作りではあったが、写真からは幸せな過去が存分に伝わってきたのだった。

私は前橋地裁で開かれた公判で、坂本本人を見た。マネキンのような白い肌をしていて、血の通っている雰囲気が無かった。その姿は、家で見た写真の人物とは、まったくの別人であり、ここまで人間は変わるものなのかと驚いたのだった。

裁判で坂本には死刑判決が下され、二〇〇八年に刑が執行され、刑場の露と消えた。

この事件には後日談があり、二〇一四年、坂本の父親が、食事を作らなかった妻に腹を立てて顔を踏みつけ殺すという事件を起こした。

私は、坂本が誘拐殺人事件を起こした直後に父親に会っている。加害者の親族の中には、取材者に対して声を荒げる者も少なくなかったが、父親は終始冷静で、こちらの質問にも落ち着いた口調で答えてくれ、「被害者の女性にも申し訳なかった」と、絞り出すような声で言った。

もの静かな人物という印象を受けただけに殺人を犯したという一報には驚きを覚えずにはいられなかった。

D-14

長屋の室内は雑然としていた

初公判（坂本正人）

一枚の家族写真からは幸せな空気に満ちていた

CONTENTS
殺め家　目次

巻頭グラビア

新潟少女監禁事件　佐藤宣行／懲役一四年…3
鳥取連続不審死事件　上田美由紀／死刑…10
奈良月ヶ瀬村女子中学生殺害事件　丘崎誠人／無期懲役…18
群馬女子高生誘拐殺人事件　坂本正人／死刑…26

はじめに…38

第一章　狂気

山口連続殺人放火事件　保見光成／死刑…42
綾瀬女子高生コンクリート詰め殺人事件　湊伸治ら少年四人／主犯A・懲役二〇年…51
北海道カレー店妻娘殺害事件　バハドー・カミ・シュアム／懲役一五年…59
吉展ちゃん誘拐殺人事件　小原保／死刑…66

第二章 悪女

栃木小一女児殺害事件 勝又拓哉／無期懲役…73
川崎市中一男子生徒殺害事件 少年三人／主犯A・懲役九年以上一三年以下の不定期刑…81
舞鶴高一女子殺害事件 中勝美／無罪…87
大阪姉妹殺人事件 山地悠紀夫／死刑…94
三菱銀行人質事件 梅川昭美／死亡…100
群馬連れ子殺人・人肉食事件 龍／無期懲役…105
本庄保険金殺人事件 八木茂／未解決…112
秋田児童連続殺人事件 畠山鈴香／無期懲役…118
阿部定事件 阿部定／懲役六年…126
和歌山毒物カレー事件 林眞須美／死刑…132
松山ホステス殺害事件 福田和子／無期懲役…140

第三章 欲望

首都圏女性連続殺人事件　小野悦男／未解決…148
東京・埼玉連続幼女誘拐殺人事件　宮崎勤／死刑…155
三鷹ストーカー殺人事件　池永チャールストーマス／懲役二二年…164
小平事件　小平義雄／死刑…171
ルーシー・ブラックマン事件　織原城二／無期懲役…178
リンゼイ・アン・ホーカー殺害事件　市橋達也／無期懲役…184
大久保清事件　大久保清／死刑…192
東電ＯＬ殺人事件　未解決…200

第四章 因縁

永山則夫連続射殺事件　永山則夫／死刑…210
秋葉原通り魔事件　加藤智大／死刑…217
埼玉愛犬家連続殺人事件　関根元／死刑…224
深川通り魔殺人事件　川俣軍司／無期懲役…231
神戸連続児童殺傷事件　少年Ａ「酒鬼薔薇聖斗」／医療少年院送致…238

第五章 洗脳

金嬉老事件　金嬉老／無期懲役…246
附属池田小児童殺傷事件　宅間守／死刑…252
西口彰事件　西口彰／死刑…256
津山三十人殺し　都井睦雄／死刑…260
茨城一家殺傷事件　岡庭由征／医療少年院送致…268
茨城・つくば市高齢夫婦殺人事件　容疑者不明／未解決…275
福島悪魔払い殺人事件　江森幸子／死刑…282
あさま山荘事件　連合赤軍／主犯・坂口弘死刑…291
オウム真理教事件　起訴一九二人／主犯・松本智津夫「麻原彰晃」死刑…298
白装束集団「パナウェーヴ研究所」事件　団体施設・関連会社全国一一ヶ所を捜索／罰金五〇万円…308
おわりに…318

はじめに

思えば、事件現場を巡って二〇年以上の年月が経っていた。初めて、歩いたのは新潟少女監禁事件の現場だった。

鉛色の空の下、小雪が舞う中、現場へと到着すると、家の周囲には規制線が敷かれ、テレビ局や新聞社、週刊誌の記者が寒さに背中を丸めながら集まっていた。

家は住宅街の中にあって、一見すると周囲の家と変わりがないように見えるのだが、注意深く眺めていると、違和感が際立った。少女を監禁していた二階の部屋の窓は、外から内部が見えないようにミラーガラスになっていた。そして、車が止めてあったシャッター付きのガレージは、二階から直接下り、誰にも見られず車に乗り降りできるように改築されていた。

家の様子からは、犯人の男が事件を起こす前から、少女をどこからこの場所に連れてきて、監禁することを計画していたかが窺え、薄気味悪さを感じずにはいられなかった。

この事件を皮切りに、犯罪の現場となった日本各地の家々を巡ったが、どの家にも新潟少女監禁事件で感じたような違和感を多かれ、少なかれ感じたものだった。

犯罪とは、個人の性質だけでなく、生まれ育った環境や暮らしていた家というものが、結びついて起きるものだと、現場を歩きながら実感した。群馬女子高生誘拐殺人事件では、犯人が逮捕直前まで暮らしていた家に入る機会を得た。二間の和室に台所がある長屋だったが、ホコリ舞う部屋に衣服などが散乱し、荒んだ生活が滲み出ていた。部屋には犯人が一〇年ほど前に撮った家族写真が残されていた。その人相はふくよかで、逮捕された時のげっそりと痩せた姿とは別人だった。

家には、その人物が重ねて来た人生、育ってきた環境、経済力、出自というものが、くっきりと反映される。そうした意味で、人間のもうひとつの顔であるとも言える。

殺人事件が起き、血が流れた現場以上に、犯人が暮らした家というのは、その人物の個性を物語っていて、生々しさがある。犯人と顔を合わさずとも、そこに犯人が立って、こちらを見ているような気になるのだった。

八木澤高明

※本書掲載の情報は二〇二四年八月現在のものです。
※掲載写真は取材当時のものです。
※今日的には好ましくないとされる用語が一部、使用されています。しかし、本書の企画意図と時代背景に鑑み、削除や訂正は行っておりません。
※敬称は一部を除き省略しています。

カバー&本文写真＝著者

第一章　狂気

山口連続殺人放火事件

保見光成／死刑

「現代の八つ墓村」とも呼ばれた限界集落

現代の八つ墓村とも言われる山口県周南市金峰地区郷集落でおきた連続殺人事件。現場は八世帯一四人が暮らす山間の限界集落だった。

犯人の保見光成は、中学卒業後に故郷を離れ、神奈川県川崎市内で左官業を営んでいた。川崎で暮らしていた当時は、麻雀が好きで、牌の中から取って、本名の光成ではなくて、中と名乗っていたという。ひと付き合いも悪くなく、気さくな性格であったという。事件を起こす一五年前に故郷である周南市金峰に両親の介護をするために戻ってきた。四四歳で村へと帰って来た保見は、当初村の集まりにも顔を出し、高齢者が多い村の中で農作業を手伝い、村おこしも企画するなど、積極的に村人たちと関わっていたという。ところが、両親が亡くなった頃を境にして、次第に村人たちとの間にトラブルを抱えるようになっていった。

集落の中で孤立感を深めていき、ほとんど村八分のような状態になった保見は、二〇一三年九月二一日午後九時、自宅から西へ五〇メートルほど離れた貞森さん宅から火をつけ、貞森誠さん（七一歳）と喜代子さん（七二歳）を殺害する。時を同じくして、自宅の隣りに暮らしていた山本ミヤ子さん宅にも侵入し、殺害後火をつけた。その翌日には、自宅の目の前を流れる川の対岸にある石村さん、河村さん宅へ向かい、河村聡子さん（七三歳）、石村文人さん（八〇歳）を殺害した。五人を鈍器のようなもので、頭部を殴り殺害したのだった。

事件発生から約五日後の七月二七日に、保見は郷集落の人里離れた山中で、上半身裸、下着姿でいるところを警察に拘束された。

二〇一五年九月。果たして、事件にはどんな背景は存在したのか、山口県周南市金峰にある郷集落へと向かった。

山口宇部空港から周南市金峰へ、中国自動車道の鹿野インターチェンジで車を下りて一般道を走ると、すぐに道はつづら折りの山道へと入った。道路脇の谷に目をやると、放棄された廃田、崩れてしまった茅葺き屋根の家など、限界集落どころではなく、崩壊した集落の無残な姿が、容赦なく目に飛び込んできた。三〇分ほど日本社会の末路とも言うべき姿を目にしながら、走っただろうか、途中一台の車とすれ違っただけで、郷集落へと入った。集落の入り口にあったのが、保見が暮らした家だった。保見の家は白壁で覆われ、古い日本家屋しかない集落の中では異彩を放っていた。土臭い集落の中に、どことなく都会の匂いを漂わせてすらいた。ただ、その姿は、土着の人々が暮らす集落でひとり浮いていたという保見の姿と重なって見えなくもなかった。未だに家の入り口には、警察によって張られた黄色いテープがそのままになっていて、保見が備え付けた、首の無い女性のトルソーが、家とは反対の道路の方角を向いて立っている。

保見の家の隣りは、殺害された山本さんの家で、更地となっていた。道路標識のポールの根元に花が備

保見が暮らしていた家

保見の家に残されていた異様なトルソー

周南市の山間部には廃屋が点在し、消滅した集落が目立った

保見が火をつけた貞盛さん宅には焼け焦げた木材が残されていた

集落にある保見家の墓

えられていたが、年月の経過によって茶色く枯れていた。さらに歩いていくと、貞盛さんの家があった場所についた。焼け焦げた材木が今も家のあった場所にそのままになっていた。そこから保見の家の方角に戻り、更に五分ほど歩いただろうか、川沿いに建つ、石村さんの家に着いた。当然だが人の姿は無い。集落に入ってから、人の姿を見ることはなく、川のせせらぎの音だけが響いてくる。河村さんの家へと向かっていたら、川沿いの畑に初老の男の姿があった。集落に入って、初めて見る人の姿だった。道路端にある幅三メートルほどの狭い畑には、赤い唐辛子が植えられていて、男は唐辛子を収穫しているようだった。

「最近は、イノシシや猿がようけ出てきて、食ってしまうから、まともな野菜は植えておけんのよ。やつらもさすがにこればかりは食わんのじゃ」

こんにちはと挨拶をして、話のきっかけに唐辛子を収穫しているんですかと声をかけると、せせらぎの音に消え入りそうな声で言ったのだった。

それこそ、何百人と私のような取材者が訪ねてきて、男は私が何者かとっくに気がついているだろうが、私は取材に来たと告げ、保見についてどう思うのか尋ねてみた。

「もうええじゃろ、何も話すことはないんだよ」

事件のことに触れると、ますます小さな声で言った。それでもしつこく食い下がっていると、ぽつりと洩らした。

「嫁さんが殺されたんだよ」

男は殺された河村聡子さんの夫だった。

「事件が起きて、加害者が村八分にされておって、事件を起こしただ、みんな好き勝手なことを書いているだろう。事件を起こした人間の肩を持ち過ぎなんだよぉ。村の仕事を人一倍手伝ったなんて書いてあるけど、誰ともそんな付き合いはしておらんのよ。あそこの家は土地も持っておらんかったし、農作業なんてしとらん。そもそもあそこのオヤジというのが、ここから少し離れた水上というところから出てきて、まともに仕事をしない、のうてだった。こどもはようけおったから食うに困って、人んところの米を盗んだりして、ろくなもんじゃなかったんだよ」

のうてとはこの地方の方言で、怠け者を意味する。保見の一家は、水上という集落から郷集落へとやって来たものの、一部の村人との間にトラブルが発生していたのだった。保見の一家は集落の中で新参者であった。ちなみに亡くなった貞盛さんや河村さんは代々この集落で暮らしてきた。

詳しく話を聞いていくと、保見の父親は近隣の村から竹細工を集めて、村に売りに行くブローカーのような仕事をしていたという。私は元々保見の一家が暮らしていたという水上集落を訪ねてみることにした。

「もうあそこには誰も住んでいませんし、道もないですよ。集落が無くなったのは、もう四〇年か五〇年ぐらい前のことじゃないですかね」

郷集落から車で五分ほど走ると、一軒の民家があり、六〇代の男性が暮らしていた。そこの家の裏側に水上へとつながる道があったという。今では誰も通う者はおらず、集落はおろか道すらも草木で覆われてしまっているのだった。家の前には、こんもりとした小山があり、そこを指差しで男性が言った。

「あの山は亀石と言って、平家の落人がこの場所まで逃れてきて、休んだという伝承があるんです」

ここ金峰周辺には平家の落人伝説があり、保見の一族もその可能性もあるのではと思い、平家伝説について尋ねてみると、そんな答えが返ってきた。

男性によると、水上の集落は山の上にあり、竹細工を生業としていた。古来から竹細工は、大和朝廷に服属した鹿児島の隼人やサンカなどが代々続けてきたという側面もあり、田畑を持つ常民たちから賤業視されてきた。水上集落の人々は里の人々から差別を受け、その鬱屈も事件に繋がった可能性はなかったか。

金峰地区で取材を続けていくと奥畑という集落で、八一歳の古老と出会った。集落には古老と隣りの家に女性が住んでいるだけ、二人しか村人はいないという。

「昔は三〇〇人、住んでいて賑やかだったんだが、本当に寂しくなってしまったよ」

平家の落人、竹細工の職人ということで、他の村との間に差別はあったのだろうか。

「そんなことはなかった。みんな仲良く暮らしていたんだよ。水上には保見姓が多くてな。戦後になってプラスチックの製品が出回るようになると、竹細工で食えなくなって、山を下りて来たんだよ。金峰に行ったものや、奥畑に来た者もいる。中には村会議員を務めた立派な人もいたんだよ」

古老は差別に関してはきっぱりと否定した。保見の一族は、平家の落人であり、生業が不振となると、近郷の集落へと下りてきて、新たな生活をはじめたのだという。

郷集落の人間から、保見の父親が怠け者と見られたのは、生業を失い、新たな仕事をなかなか見つけることができなかったことが、背景にあったのではないか。

同じ中国地方を舞台として、村に流れてきて落ち武者が村人たちに騙され落命したことから四〇〇年にわたって呪われた映画『八つ墓村』、この事件が現代の八つ墓村と呼ばれた背景には、四〇〇年ならぬ八〇〇年の時を超えた、因縁があったのである。ただ、土俗的な匂いが濃厚に漂ってくるこの村も五指に満たない村人しかいない状況の中で、いずれ消えてしまう運命にある。

綾瀬女子高生コンクリート詰め殺人事件

湊伸治ら少年四人／主犯A・懲役二〇年

四〇日間にわたり女子高生を監禁した二階の部屋

二〇一八年八月一九日の夕方、埼玉県川口市の路上で、三二歳の男性の肩を警棒で殴り、首をナイフで刺したとして四五歳の男が殺人未遂の容疑で逮捕された。男の名前は湊伸治。

逮捕された男は、一九八八年東京都足立区で起きた女子高生コンクリート詰め殺人事件の犯人のひとりで、事件現場となった家に暮らしていたのだった。

家は二階建ての一軒家だった。今も同じ時期に売り出された家が周囲に建っている。ファミリー向けに売り出された家が凄惨な現場となった。

コンクリート殺人の概要を簡単に伝えておこう。アルバイトを終え自転車で帰宅途中だった女子高生のFさんを少年ら四人が拉致し強姦したうえ、溜まり場であった少年Cこと湊の自宅二階に監禁。その後四〇日間にわたって、集団で強姦および暴行、さらには食事すら満足にあたえなかった。

驚くことに家には湊の両親が暮らしていた。両親は一度Fさんと顔を合わしていることから、少年たちの悪行に気がついていた筈だが、何も助けの手を差し伸べることはなかった。この一家の親子関係にも衝撃を受けた人も少なくないだろう。虐待を受け続けたFさんは、たび重なる暴行と栄養失調により衰弱し、

監禁事件の起きた家は建て替えられているが路地は当時のままだ

亡くなった。少年らはドラム缶に遺体を入れ、コンクリートを流し込んで密閉し、東京都江東区の埋め立て地に遺棄したのだった。史上最悪といってもいい少年犯罪である。

湊はコンクリート詰め殺人により、実刑判決を受けた後、社会復帰していたが、更生することなく、事件を起こしたのだった。逮捕された他の少年たちもすでに全員が刑期を終えて出所している。少年Bこと神作譲は出所後、「俺の女を取っただろう」と男性に因縁をつけて、母親が経営していたスナックに監禁し、逮捕監禁致傷罪で再び逮捕され、二〇〇五年に懲役四年の判決を受けている。主犯格の少年Aは二〇〇九年に出所したが、その後振り込め詐欺の容疑で逮捕されている。結局四人のうち三人が再び逮捕されるという事態を引き起こしているのだった。

二〇〇九年の初めから、事件の現場となった足立区綾瀬を私は幾度となく歩いている。綾瀬駅で降り、現場となった家へと向かう。近年、綾瀬駅周辺は千代田線が直接大手町方面へ乗り入れていることもあり、子育て世代には、人気のある住宅地となっているという。事件が起きたのは今から三〇年ほど前のことだから、家を求める世代からしてみれば、過去の事件に引きずられる気持ちは希薄になっているのかもしれない。

パチンコ屋が目につく駅前の商業地域を抜けると、すぐに街の風景は住宅街となる。すると突然視界にラブホテルが現れ、その横には子どもたちが遊ぶ公園がある。あまりにアンバランスな景色に何ともいえぬ気持ちになる。

ここ綾瀬周辺は、高度経済成長期に入るまでは、水田地帯だった。宅地となる前に東京の外縁部にあた

事件現場近くを流れる綾瀬川

監禁現場付近の壁に書かれた殺伐とした落書き

るこの辺りにはラブホテルが建ち、その後宅地化されたのだろう。それにより、一見すると野放図な景色が生まれた。

駅から、一五分ほど歩いただろうか、湊の家があった住宅街の一角に出た。すぐ前には公園がある。家は事件後取り壊されているが、区画は当時のままである。

駅からここまで歩いてくる間、子供連れの若い女性が目についた。彼女たちの年齢は三〇代から四〇代だろう。事件のことは知っているに違いないが、どんな思いを抱いているのだろうか。

「うちは昭和四七（一九七二）年にこのあたりの分譲住宅を買ったんです。四月に入居して、その一ヶ月か二ヶ月後にあの一家が移ってきました。あそこの家は当時の値段で一二〇〇万円ぐらいだったと思いますよ」

言葉の端々に東北訛りが残る近所の住民が、湊一家がこの土地へやってきた頃のことを覚えていた。

湊の家は取り壊されていると先に書いたが、事件当時、彼らが玄関を使わず直接二階から出入りするために使っていた電柱は、いまも家に寄り添うように残っていた。

一九七二年にこの地へと引っ越してきた湊の一家。ちょうど湊が生まれた年のことである。共産党員だった両親は躾も厳しかったというが、いつしか湊は道を外れていった。

それにしてもなんであんな事件を起こしたのか。

事件現場近くの居酒屋に入った。店には若い二人組がビールを飲んでいた。カウンターに座り、焼き鳥をつまみながら、二〇数年前のこの界隈の様子について尋ねた。

「ここから五〇メートルも離れない場所に飯場が五件もあってね。ヤマから人が来ていたよ。都営住宅が出来て、仕事をまともにしない人間が多かった。子どもたちにも良くない環境だったよ。北綾瀬駅が出来てから、飯場が無くなって、前よりは環境が良くなったけどね」

二人組が帰った後、居酒屋の主人に事件のことについて尋ねた。焼き鳥を買いに来た加害者かその仲間たちのことを思い出してくれた。

「いつも若いのが二人組で塩の焼き鳥を買いに来たよ。手にタバコを押し付けられた痕がついててね。塩を買うってのは、酒飲みの証拠だよ。買う数はいつも四、五本だけどね」

手にタバコを押しつけられた痕があったというからには、主犯格のAに使い走りをさせられていた少年だったのかもしれない。

たかが数本の焼き鳥を買いにくるどこにでもいる等身大の少年の姿、史上最悪の事件を起こした鬼畜の姿。少年と事件の大きさとのギャップに驚きとともに虚しさを覚えずにはいられなかった。果たして少年たちは、どこで道を踏み外し、鬼畜の所業に及んだのか。

コンクリート事件の現場周辺は、少しずつ風化が進み、彼らが遺体を遺棄した埋立地の周辺も家族連れが集まる海浜公園となっている。ただ、事件を犯した人間たちに宿った業はそう易々と消え去ることはない。

北海道カレー店妻娘殺害事件

バハドー・カミ・シュアム／懲役一五年

殺害現場となった被害者宅で見たブルーシートと粉ミルク缶

「娘たちが暮らす家に入ったら、煙がもうもうとしていて、何も見えませんでした。急いでライトを取って来て、再び娘が暮らしていた家へ入ると、煙だけでなく、シューッという音もする、何かと思ったらガス栓が切ってあったのです。急いでガス栓を止めて、二階に上がると火がつけられていたので、火を消すと、部屋の奥に顔がパンパンに腫れた娘が仰向けで横たわっていたのです。それは娘の顔ではありませんでした。すぐに娘を抱きかかえ救急車を呼んだのです。あんな残虐な殺し方ができる人間は何者なのか、娘の旦那だった男だけに、どうしても気になるのです」

事件は二〇〇八年五月六日未明、北海道で起きた。ネパール人の夫バハドー・シュアム・カミ容疑者（二六歳）が日本人の妻智江さん（二九歳）を殺害、さらに娘のジュヌちゃん（六ヶ月）を川に流したのだ。二〇〇八年、取材に応じてくれた智江さんの父親は事件直後の様子を語ってくれたのだった。

シュアムと智江さんは、ネパールの首都カトマンズで出会った。きっかけは彼女が銀細工を学ぶためにネパールに訪れ、工房のスタッフの中にシュアムがいたことである。二〇〇五年、二〇〇六年の二度、智江さんはネパールを訪れているのだが、二度目にネパールを訪れた時から、シュアムと付き合いはじめ

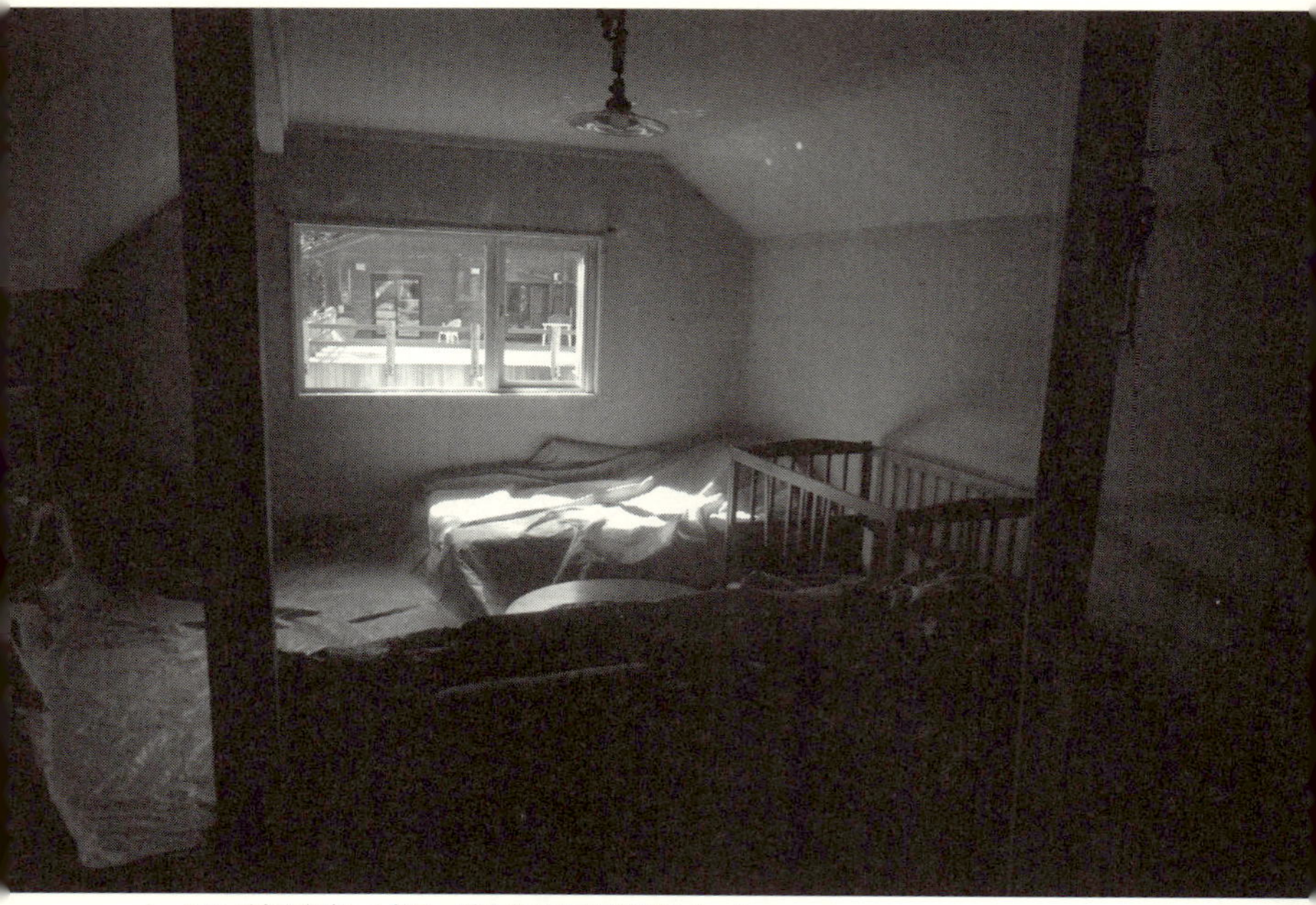

シュアムが妻を殺害した部屋。愛の巣が悲劇の現場となった

る。そして、二〇〇七年四月には、シュアムを日本へと呼び寄せ、北海道で結婚生活をスタートさせた。二〇〇七年一〇月には子供も生まれ、カレーレストランとネパールの洋服やアクセサリー、そしてシュアムが造ったリングを売る店をオープンさせたのだった。

そして、日本で生活を始めて約一年、二人の結婚生活は、最悪の形で幕を閉じることになる。純粋で真面目なところにひかれたという智江さん。彼女を死に追いやった男は、彼女の思うような男だったのか。

ネパールで取材を進めると、シュアムという男のとんでもない悪行が次々と明らかになった。ネパールには妻子がいて、その存在を隠して智江さんと結婚した。

シュアムのカトマンズでの生活ぶりについても証言してくれる人物に出会った。シュアムとは一〇年近い付き合いになるという彼は、私が接触した当初は証言を拒んでいたのだが、数日して重い口を開いてくれた。

「夜もなかなか寝付けなかったんだ。本当のことを話さなければと思ってね。でも奴は俺の友人だから、どうしたらいいんだと考え続けていたんだ。前に会った時、奴は真面目だなんて言ったけど、本当はとんでもない奴なんだよ。犯罪歴もあって、しょっちゅう喧嘩ばかりして、ひとことで言ってしまえばギャングみたいなものさ」

友人の男は、シュアムが警察に捕まった時に、何度も身柄を引き受けに行ったこともあったという。

男によれば、逮捕歴もあり、刑務所にも入っているという。

シュアムという男の一面を聞き、私は裏をとるため、カトマンズ市内の警察署へと向かった。彼の身分証明書のコピーを見せ、逮捕歴の有無について、照会を求めた。

娘のジュヌちゃんが飲んでいたミルク缶

羊蹄山のふもとにある智江さんとシュアムが暮らしていた家

数日後、警察署に足を運ぶと、照会してくれた警部補は、二回の逮捕歴があるのではないかと書類を見せてくれた。七年前と五年前に傷害事件を起こして逮捕され、七年前には一ヶ月刑務所に入っているという。

シュアムは、一〇歳の時から、両親のもとを離れ、カトマンズで働き、二六歳で殺人事件を犯すまで、様々な人物の証言から多くの事件を起こしていることがわかった。

一〇歳の時に弟子入りした銀細工職人の所では、三年後に親方の所から二〇ルピー（三二円）の現金を盗んで脱走。その後も働いていた工房から度々、現金や金を盗んだという。とにかく手に負えない男だとの悪評が私の耳に入ってきた。

ネパール取材の中で、私はカトマンズを離れ、両親が暮らしているシュアムの生まれ故郷へと向かうことにした。両親は殺人者となってしまった息子のことをどう思っているのだろうか。

カトマンズから山道を車で一時間半ほど走り、そこから三時間程歩いてシュアムの生まれ故郷マットラ村に着いた。

棚田の中の一軒の家がシュアムが生まれ育ち、今も両親が暮らしている家だった。

私が到着するとともに、両親に話を聞いた。

事件のことについては、知っていた両親だが、いつ息子が帰って来られるのだと、尋ねてきた。亡くなった智江さんやジュヌちゃんへの弔いの言葉は出て来ない。

ネパール人の妻のことに関して尋ねると、シュアムが一四歳か一五歳の時に、この村で結婚式をあげて結婚したのだという。ただ結婚式の写真は残っていない。なぜか他の女とシュアムが写った写真が家に残

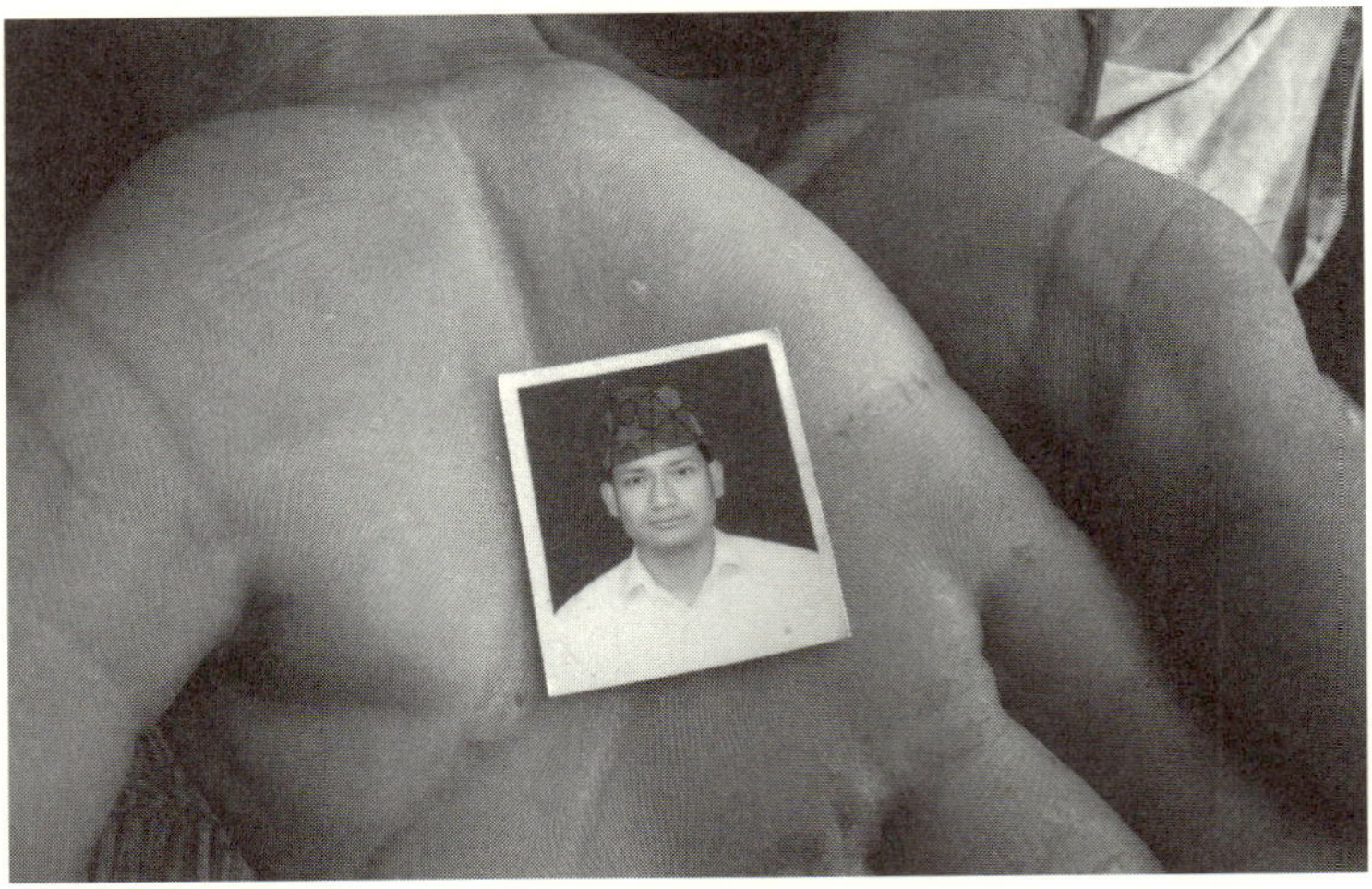

ネパールでも前科があった犯人のシュアム

シュアムはネパールに妻と子がいることを隠し智江さんと結婚した

されていた。

シュアムが日本人と結婚して、日本に行ったことを知っているかと尋ねると、

「知らなかった」

と答えた。何を聞いても何かに怯えたような表情で答える両親が私には哀れに思えてならなかった。

その日、宿もない村なので、シュアムの実家に泊めてもらった。日暮れとともに夕食を取り、二階のベランダに置かれたベッドで寝た。

翌朝は朝から雨が降り、天気がよければ見えるというヒマラヤも分厚い雲に覆われて、まったく見えなかった。

シュアムのネパールや日本での行動を見ていると、智江という女性を利用して日本へ行き、金を稼ごうと思ったが、うまくいかず、離婚を切り出されて、自暴自棄となり彼女を殺すという身勝手な姿が浮かびあがってくる。私は智江さんの無念さを噛みしめながら村を後にした。

ネパールから日本に戻った私は、今も現場がそのままになっている智江さんの部屋を見せてもらった。

壁の一部は黒い煤でおおわれ、殺害現場にはブルーシートが掛けられていた。そのすぐ側には、ジュヌちゃんが飲んでいた粉ミルクの缶が置かれていた。

子供にまで手をかける必要はなかっただろう。シュアムの犯した罪の深さに憤りを覚えずにはいられなかった。

吉展ちゃん誘拐殺人事件

小原保／死刑

いまも親族が暮らす生家付近で
犯人が見つけた安住の地

吉展ちゃん事件の犯人、小原保の生家付近

雑居ビルや古びた住宅が建ち並ぶ町の一角にその公園はあった。親に見守られ遊ぶ子どもたち、どこの公園でも見かけるありふれた日常の姿である。ただこの公園には、子どもたちと同じくらい、浮浪者の姿が目についた。かつて日雇い労働者の街として知られた山谷からもそう遠くない土地柄だろうか、それにしてもその光景は私には奇異に思えた。砂場やブランコで遊ぶ子どもたちのすぐ横のベンチでは、初老の浮浪者がベンチに腰掛け、首をだらんと下げ眠っていた。本田靖春の名著『誘拐』の中に入谷南公園の様子を描写する件があるが、公園の様子は吉展ちゃんが連れ去られた当時をそのまま写し出しているようにすら思えた。吉展ちゃんにとって浮浪者は見慣れた存在だったからこそ、小原保(当時三〇歳)という自分の命を奪うことになる男の誘いに何の疑いもなくついて行ってしまったのではないか。

公園西側の入り口にあるトイレに向かった吉展ちゃんは、借金を重ね生活に行き詰まっていた小原に現金を得るための誘拐目的で南千住方面へと連れ去られ、その日のうちに円通寺という寺の墓場で殺害された。公園のすぐ横には、吉展ちゃんの両親が未だ暮らしているのだろうか、吉展ちゃんの姓が書かれた表札が掛けられているビルがあった。もし両親がこのビルに暮らしているとしたら、事件から四六年、毎日のように公園から響いてくる子どもたちの声を耳にし続け、きっと吉展ちゃんのことを思い浮かべ続けているに違いない。何とも残酷な日常であろうか。

入谷南公園から車で五分ほどの場所にある円通寺へと向かった。遺体の発見された墓地の裏にある民家では、ひとりの女性が事件当時のことを話してくれた。

「すごい人だったねぇ。遺体が発見された時には、墓地が閉鎖されていて、私の家の二階から取材陣が写

南千住の寺の墓地が吉展ちゃん遺棄現場だった

小原の墓は生家から少し離れた小高い丘の墓地にある

真を撮ったり、ビデオを回したりしたんだよ。土足で家の中に入ってきたり、電話を使われたりして、マスコミにはいい思いをしなかったねぇ。ＮＨＫだけだね、あとからハンカチを送ってきたのは、それ以外はそれっきりだよ」

寺の墓地へと足を運ぶと、墓石の群れの中に小さな地蔵が置かれていた。寺の僧侶の説明によれば、墓石の下にある遺骨の安置場所に遺体が埋められていたのだという。最近小原保を尋問により自白させた平塚八兵衛刑事のドラマが放送されたことにより、参拝希望者が多く訪れているという。

円通寺の境内には、戊辰戦争における上野の戦い当時の寛永寺の黒門が弾痕も生々しく移築されていた。戊辰戦争は上野の戦いの後、長州・薩摩藩を中心とする新政府軍と小原の出身地福島県の会津藩を中心とした東北諸藩との戦いになり、東北諸藩は新政府の軍門に下ることになる。東北諸藩の抵抗の象徴とも言える黒門が移築されたこの寺で、福島出身の小原保が東京生まれの児童を殺し埋めたことに、どこか歴史の因縁を感じてしまう。

小原保は福島県石川郡で生まれ育った。農家の出身で小学校四年生の時に足の傷口から細菌が入ったことにより、骨髄炎になり二度にわたる手術にもかかわらず、片足が不自由になってしまった。その後、小原は足を引きずるようになり同級生から馬鹿にされるようになる。彼の人生に暗い陰がさしはじめた。時をほぼ同じくして学校の通信簿には盗み癖を指摘されるようになる。

小原の生家のあった地区へと足を運ぶと、福島空港へと繋がる道路の造成工事が行なわれていた。それ以外は道路が舗装されただけで、村の雰囲気には大きな変化はない。王貞治のボンカレーのポスターが貼られた時代が止まったような雑貨屋の主人が以前の村の様子を話してくれた。

「昔は道なんてなかったよ、ここは馬車しか走ってなかった。小原ん所は道なんて無くて、人が歩いたりして、自然と道ができたようなもんだよ。このあたりの松林はもう夕方になると歩けねぇんだよぉ、きつねがいっぱいいて、あとをつけて来るんだ。棒を持って歩かないといけなかったよぉ。きつねは肉食だから襲ってくるんだよ」

きつねが人間を襲うとは驚きだが、それほど人間より野生動物が多く人里離れた場所であったエピソードではある。小原についても当然覚えていた。

「足の跛は冬に田に水を張って、ケガをしたことからなったんじゃねぇかなぁ。時計の職人になって須賀川に行くまでは、いい兄貴分だったよ。あの事件さえなければ普通に暮らしていたんだろうな」

今でも小原の生家には小原の兄の息子が後を継いで暮らしていた。そして町の中には小原が眠る墓地があった。

「死刑になったあと、兄貴が骨を持ってきて、墓地に埋めたんだよ。当時は卒塔婆も無くて土盛りだけだったけど、今からしばらく前に墓を新しくしてね。その時一族の墓に入れたって話だけどねぇ。ここで話を聞いたって言わないでくれよ。今も一族が住んでいるから、あんまりあの事件の話はしないんだよ」

同じ地区に暮らす住民がこっそりと話してくれた。事件は今でもこの地区ではタブーという一面もあるが、高度経済成長期の日本を騒がせた大事件の犯人にもかかわらず、この地区には未だに親族が暮らしているし、遺骨は無縁仏という扱いではなく一族の墓に眠っているという。このことからも小原保は犯罪者ではあるが、地区の共同体意識の中でしっかりと守られながら眠っていた。死後になって、美しい田が広がるのどかな田園風景の中に、小原保はやっと安住の地を見つけたのではないか。

栃木小一女児殺害事件

勝又拓哉／無期懲役

アパート暮らしをしていた犯人が逮捕前にコレクションしていたDVD、どれも幼児性愛とは無関係だった

事件が発生したのは、二〇〇五年一二月一日午後二時五〇分頃のことだった。当時小学校一年生の吉田有希ちゃんが下校途中に連れ去られ、翌二日午後二時、連れ去られた現場から六五キロ離れた茨城県常陸大宮市の山林の中で遺体となって発見されたのだった。

事件発生から、八年以上の年月を経て、逮捕されたのが勝又拓哉（当時三二歳）だった。

警察は事件発生後から勝又拓哉をマークしたというが、有希ちゃんの遺体に残されていた犯人のものと疑っていたＤＮＡが捜査に関わる県警幹部のものであったことが発覚したりと、この事件に関しては失態を繰り返していた。勝又拓哉は母親と関わっていた偽ブランド品の販売による別件で逮捕されていて、取り調べの中で、本件への関わりを自供したという。

冤罪が確定した足利事件や東電ＯＬ殺人事件など、多くの冤罪を生み出す温床となったのは、別件で逮捕し、警察に拘留して本件の取り調べを進めるという別件逮捕である。いわば苦し紛れの一手が今回の事件も使われている。果たして、有罪判決が下された勝又拓哉は真犯人なのか、逮捕直後から冤罪が疑われ続けている事件であり、有罪判決が出た今もその様相は変わっておらず、彼の冤罪を裏付けるような証拠

勝又が一時期暮らし、冤罪を信じる母親が暮らす家。私は家で彼の DVD や飼い猫を見せてもらった

事件当時、勝又が姉と住んでいたアパート

有希ちゃんが何者かに殺害された現場

勝又がコレクションしていたDVD

卒業アルバム

が弁護側から出され続けていた。

そもそもこの事件で勝又拓哉を犯人とするには、不可解な点が数多くある。

まずは、吉田有希ちゃんの遺体が発見された、茨城県常陸大宮市の山林の状況である。二〇〇五年二月四日、被害者の遺体が発見されているが、当時の新聞報道によれば、遺体は全身の血液がほぼ抜けた状態であり、遺体発見現場の斜面からはほとんど血痕は見つかっていない。さらに二〇〇五年一二月五日付けの読売新聞は、捜査本部は犯人が別の場所で有希ちゃんを殺害し、車でこの場所まで運び遺棄したとの記事を掲載している。

遺体の第一発見者にも関係者を通じて取材を試みると、遺体発見当時の状況が伝わってきた。二〇一四年一二月二日、野鳥捕獲の為に山林を訪れた第一発見者は、斜面に白い蝋人形のようなものを見つけた。何かと思い近づいてみると、それが被害者の遺体であった。

第一発見者によれば、遺体は真っ白だったという。その証言は、遺体から大量の血液が抜けていたということを裏付けている。ところが、起訴状には、勝又拓哉は遺体遺棄現場付近で吉田有希ちゃんを殺害したことになっている。それが事実なら、遺体発見当時、有希ちゃんの全身から溢れた大量の血液が現場から見つかっていなければおかしい。新聞報道そのものの信憑性にも関わってくる。

次に、事件を立証する直接の証拠が何一つ見つかっていない点である。

警察は彼のパソコンから、吉田有希ちゃんの画像を発見したという発表をしているが、それがインターネット上に出回っていたものなのか、彼しか撮ることができないものなのか、具体的な発表をしていない。有罪の決め手となる犯人なら知り得る秘密の暴露が何一つないのである。勝又拓哉の自白のみが、唯一の証拠となっている。

吉田有希ちゃんの遺体から逮捕直後猫の毛が発見されたと警察が発表しているが、これも不可解だ。この点について、勝又被告の姉が証言をしてくれた。

「拓哉が逮捕されてから二ヶ月ほどが過ぎた三月一一日のことです。私の所に警察が手みやげを持ってやって来て、九年以上前から拓哉が飼っている猫の毛のサンプルを取りたいと言ったんです。それからです、警察が有希ちゃんの手と体から猫の毛が出てきたと言い出したのは。事件発生当時はそんな報道は何もなかったのに、拓哉を逮捕してから急にそんなことを言っても、何だか納得がいかないんです」

繰り返すが、事件発生当時の新聞報道では、遺体の全身から血液が抜け、犯人の遺留物などは見つかっていない。見つかったのは足利事件にも関わった県警幹部のＤＮＡだけだったはずだ。さらに勝又拓哉の車らしきものが現場付近のＮシステムに写っていたという件についても、裁判の中で重要な証拠となるはずだが、現場付近のＮシステムは裁判の争点にもなっていない。

それではなぜ、勝又拓哉が捜査線に浮上したのか、懸賞金が二人に支払われているという事実である。逮捕のきっかけは、当然懸賞金を貰い受けた人物からの情報提供によるものと考えるのが妥当だ。そのうちの一人は、事件発生当時から警察に通報していた義父でないかと言われている。ただ、この義父の証言も信用がおけない。勝俣拓哉の母親の再婚相手であるこの男性と勝俣拓哉はそりが合わず、喧嘩が絶えず、事件発生前から別居状態が続いていた。

義理の父親は栃木市内の借家で暮らしていたが、勝又拓哉の逮捕後、近所の住民にも告げず突然引っ越した。父親が暮らしていた借家のまわりで、父親の生活ぶりを尋ねてみると、昼間から家にいて、働いている気配はなかったという。

一方で、勝又拓哉の母親は今も息子の無実を信じ続けている。彼女は栃木市内の一軒家に暮らしている。その家は平家で、その一室は勝又拓哉が逮捕前にコレクションしていたＤＶＤなどが保管されている。どれも幼児性愛を思わせるものはない。

勝又拓哉と母親は台湾の出身である。逮捕当時の報道によれば、勝又拓哉は日本には馴染めず、ほとんど友達もなく無職でひき籠もり、それ故に自由な時間があり、少女を物色し事件を起こしたと報じられた。

「確かにそんなに友達は多く無かったですけど、前にバイトした時に出来た友達もいましたし、警察が有希ちゃんを連れ込んだというアパートには彼女も来ていました。ある日、拓哉のアパートに行ったら、花が飾ってあったんです。そんな花なんて飾る子じゃないから、どうしたのって聞いたら、『俺にも彼女ぐらいいるよ』って言ったんです。引きこもりって言い方もおかしいですよ。昼間は株の取引をしていて、夜は為替をやっていたので、何もしていなかったわけじゃないですよ。だいたいいつも株の取引がはじまる一時間前の八時には起きて来て、ニュースをチェックして、それから午前中は株をやるんです。午後もやる時もあれば、この辺でいいかなというときは、宇都宮のレンタルＤＶＤ店かフィギュアを売ったりしてましたね」

母親と話をすればするほど、真犯人は別にいるという思いが強くなるのだった。

川崎市中一男子生徒殺害事件

少年三人／主犯A・懲役九年以上十三年以下の不定期刑

幸せに包まれていたはずの家
日比ハーフの苦悩

「えっ、ウソでしょって、まったく信じられなかったんですよ。あの子はそんなことをするはずないって」

二〇一五年二月神奈川県川崎市で起きた中学一年生男子殺害事件、犯人として逮捕されたのは、一八歳の少年A、同級生で一七歳の少年B、一学年下の少年Cの三人だったが、そのうちのひとり少年Cの幼いころを知る平沢バネッサさんは、今も彼が犯人だとは信じられないのだという。

「私とCのお母さんは知り合いで、彼のことを小さい時から知っていたんですよ。いつもニコニコしている子でした。なんでこんなことになったんでしょうか。おそらくAに強制されて断れなかったんじゃないでしょうか」

事件から半年後、話を聞いた。平沢さんはフィリピン人で、今回事件を起こしたAとCの母親もフィリピン人で、彼らは日比のハーフだった。

一三歳の少年を、少年三人が殺害するという事件は、二〇一五年二月二〇日未明に発生した。日頃から溜まり場となっていた多摩川の河原に上村遼太君を連れ出した三人は、工業用のカッターナイフで顔などを切りつけ、全裸にして真冬の川で泳がした後、さらに殴る蹴るなどの暴行をし、虫の息となった上村君の首をナイフで切り、出血多量の致命傷を追わせ、殺害したのだった。遺体を草むらに放置し、着ていた衣服は河原から七〇〇メートルほどの場所にある公衆便所の女子トイレで、証拠隠滅を図るため燃やしたのだった。上村君が死んでいないと見せかけるため、携帯電話のアプリLINEからメッセージを発信するなどして、さも生きているように工作したのだった。先にも述べたように、少年AとCはフィリピン人と日本人のハーフで、両者ともに母親がフィリピン人である。

「A君は見た目はカッコいいし、目立つ存在だったから、中学校の時にすごいイジメられたと聞いてますよ」

川崎市内に暮らすフィリピン人の女性が言う。彼女も日本人と結婚し、三人の子供を持ち、Aの母親と同じ教会に通っていた。

「Aのお母さんは、事件の前には教会に来ていました。フィリピンの子供たちに伝統的な踊りを教えたりするボランティアもやっていたんです」

毎週日曜日、敬虔なカトリックが多いフィリピンの人々は、ここ日本でも身近な場所にある教会へと足を運ぶ。Aの母親もそうした一般的なフィリピン人であった。母親は一〇年以上前に、Aの父親である男性と結婚。今も暮らす川崎市内に一軒家を購入し暮らしている。

Aは経済的に不自由な生活を送ってきたわけではなかったが、中学入学とともにイジメに遭い、学校からも足が遠のくようになり、結果的に入学が容易な定時制高校に進むが、事件の前には中退。同じく定職についていなかった少年Cらとつるむようになるのである。

少年Cの母親もフィリピン人であるが、Aの家庭とは違い、生活は厳しく、貧乏で有名だったという。

生活が厳しいのはCの家庭ばかりでないと言うのは、事件現場に毎日のように通っているフィリピン人の下地愛さんだ。下地さんは一八歳の時に来日し、三〇年近く日本で暮らしている。

「私は旦那と離婚して、三人の子供を育てましたが、まわりのフィリピン人では生活保護をもらっている家庭が多いですね。そのお金でパチンコをやったり、ドラッグを買ったりして、同じフィリピン人として恥ずかしいです。日本で生活するのは、本当に大変です。うちの息子も中学生の時に殴られたことがあって、今回の事件をニュースで見たとき全然他人事に思えなかったんです。生活がちゃんとしてないから、ドロップアウトしちゃう人が多いんですね」

精神的にも経済的にも日本社会に馴染めず、疎外感を感じてしまう人々は、必然的にグループをつくるようになる。そうしてつるむようになったのが、少年AやCではなかったか。

川崎在住で日本人男性との間に子供を持つフィリピン人女性たちに話を聞いてみると、どの女性も子供たちが学校でイジメを受けたと告白した。冒頭の平沢さんが言う。

「小学校までは、あまりイジメはないんです。中学に入ってから、いつも元気で学校に行っていた子が行きたくないと言い出したんです。問いつめたら、フィリピン人だからとイジメを受けたと言うんです」

ハーフの子供たちは、日本人の子供たちとは違ったストレスを感じながら生きていることは間違いない。結果的に日本社会から、孤立してしまう。主犯の少年Aも高校には通わず、街を徘徊し続けていた。

ハーフということで、地域社会に馴染めず、小さなグループを形成し、自分より年下に暴力を振るうことによって己の鬱憤を解消させる。どんな理由があれ、許されない行為であることは間違いない。ただ、

少年が殺された多摩川沿いの現場

Ａの一家が暮らしていた家には差別的な落書きも残っていた

今後日本の社会は高齢化が進み、移民を受け入れざるを得ない状況が目の前に迫っている。さらに厚生労働省の統計によれば、日本で生まれる新生児の三〇人にひとりが両親またはどちらかの親が外国人である。ますますこの国で暮らすハーフの割合は増えていくことだろう。地域社会が何らかの対策を取らなければ、外国人のハーフによる犯罪は、増えていくことは目に見えている。

事件の舞台となった川崎市川崎区周辺を歩いた。ちょっと街を歩いただけで、フィリピン人などの外国人たちの姿が目につく。上村君が殺害された多摩川の河原から、犯人の自宅へと向かった。途中、彼らが上村君の衣服を燃やしたトイレの前を通り過ぎ、起伏の無い埋め立て地特有の区画を歩いていくと、Aの暮らしていた家の前に着いた。家の壁には赤いスプレーで「フィリピンへ帰れ」と書かれていた。玄関のガラス製のドアも何者かによって傷つけられたのかヒビが入っていた。

この辺の住宅街では一般的な二階建てで、五〇坪ほどの敷地に建てられた一戸建ての家は、この国で体を張って生きてきたAの母親にとって、幸せに包まれた御殿であったに違いない。それが少しずつ歯車が狂っていき、Aによる家庭内暴力によって彼女は歩くのに杖が必要な体になってしまったという。

この家を見ながら、フィリピン人の平沢さんが言った言葉を思い出した。

「あの子だって、辛かったと思う」

当然、罪は罪で認めたうえで、Aのこれまでの人生に思いを馳せた言葉である。この国で生を受けた少し肌や毛の色が違う人々にもう少し寛容になる必要があるのではないか。

舞鶴高一女子殺害事件

中勝美／無罪

疑惑の男が暮らした間取り3Kの府営住宅は遺体発見現場から四〇〇メートルほどの場所に今も残る

「あっ、あの事件ね。ツルッパゲの男が逮捕された事件でしょう。あん時は大騒ぎだったわね」

二〇一九年、逮捕された容疑者が暮らしていた物件から、ほど近い住宅街で話を聞いた女性は、まるで昨日のことのように事件のことを覚えていた。

その事件とは二〇〇八年に京都府の舞鶴で発生した女子高生殺害事件のことである。この事件で捜査線上にあがったのは、中勝美という男だった。

舞鶴市内にある防犯カメラの映像には、殺害された女子高生と連れたって、黒い服を着て自転車を押しながら歩く男の姿が映っていた。その映像が撮られた翌日の二〇〇八年五月八日午前八時四五分、女子高生は全裸の遺体で中が暮らしていたアパートの近くを流れる朝来川の河原で発見された。凶器で殴られ、頭部から頭蓋骨が飛び出し、鼻は陥没していて、遺体の状況は凄惨な現場を見慣れている捜査官でも目を覆いたくなるようなものだったという。

事件の重要参考人として浮上した中勝美は、遺体発見現場から四百メートルほどの場所に暮らしていた。彼が警察にマークされたのは理由があった。中勝美は二五歳の時に内縁の妻とその兄を殺害、その後も舞

疑惑の男が暮らしていた部屋

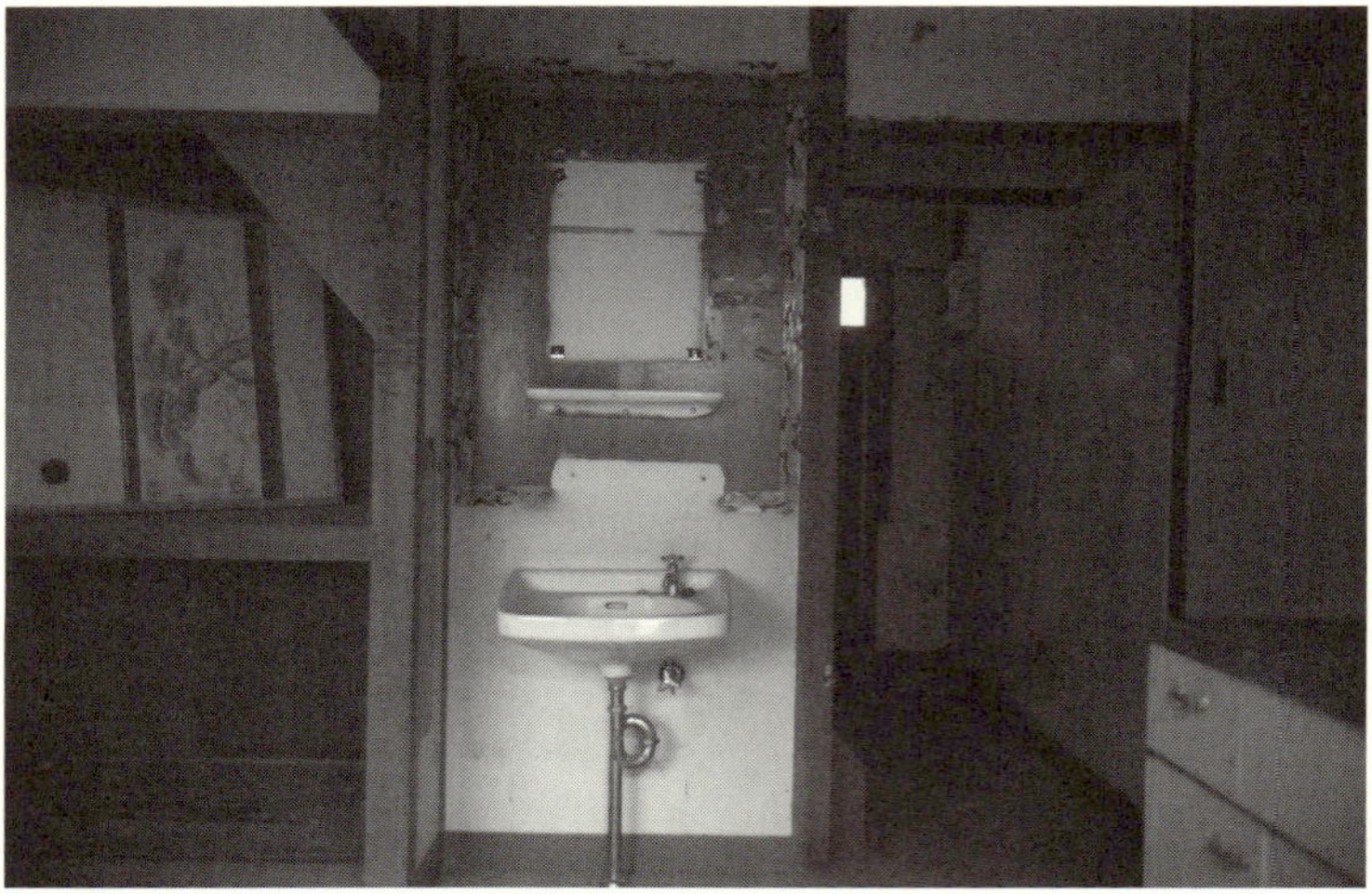

室内は当時のままだ

鶴市内で傷害・強姦未遂で現行犯逮捕されるなど、いわく付きの人物だったのだ。当時事件を取材した全国紙の記者が言う。

「舞鶴では、二〇〇一年にも女子高生が首を刺されて殺害される事件が起きているのですが、その件でも中は警察にマークされていました。ただ証拠が十分でなく逮捕されることはありませんでした。そして、この事件では、中勝美がビデオに映る少し前に飲食店を出ていること、黒い服を着ていたことなどから、すぐにマークされたのです」

中勝美は、自身が警察にマークされたことを知ると、すぐに黒い服を処分し、乗っていた自転車の色を塗り替えた。さらには常日頃から賽銭泥棒などに使っていたバールも棄てるなどの証拠隠滅を図っている。

中勝美は事件から約一年後の二〇〇九年四月七日殺人容疑で逮捕される。

裁判では中勝美が女子高生を殺害したという直接証拠はなく、防犯カメラの映像と目撃証言が焦点となった。一審では無期懲役が言い渡されたものの最高裁で逆転無罪が確定する。

中勝美は晴れて無罪となったものの、二〇一四年十一月に三十八歳の女性の顔や胸など一一ヶ所をメッタ刺しにするという殺人未遂事件を起こす。事件後に殺害された女子高生の母親が出したコメントからは獣を野放しにしたことへの憤りが感じられる。

「驚きとともに憤りを感じた。一番恐れていたことが現実となってしまった。捜査機関は、舞鶴の事件を見直してもよいのではないか」

当時、中勝美が暮らしていた府営住宅の庭先で、報道陣を睨みつける映像を見たことを覚えている。ス

女子高生の遺体が発見された現場

遺体発見現場の周辺は昼間でも人の気配は少ない

府営住宅敷地に桜は咲いていた。事件は迷宮入りし、時だけが巡る

キンヘッドで目つきの鋭い姿は、お世辞にも人相が良いとは言えず、いわくつきの人物のようにも見えた。

逮捕され、無罪となると、中勝美はこの土地で暮らしづらくなったのか、大阪の西成へと流れていき、そこで前述の殺人未遂事件を起こし、収監された刑務所で死亡した。

中勝美という男は、舞鶴の事件は無罪という判決が出ているが、何度も人に刃を向けるという暴力的な一面を持っていたことは紛れもない事実であった。

中勝美が暮らした住宅は、舞鶴市朝来西という土地にある。すでに建てられてから五〇年ほどの年月が経過していることもあり、昔ながらの低層の団地という雰囲気で、建物の壁には黒いシミなどが浮いていて、傷みも目立つ。訪ねたのは夕暮れ時だったのだが、空いている部屋も多いのだろうか、明かりが灯っている部屋は少なかった。

部屋の間取りは、3Kで、1階と2階が居住空間となっている。中勝美が暮らしていた部屋は、今も誰も住んでおらず、ガラス越しに部屋の内部が見渡せた。長年、空室になっているのだろう、押入れの戸やガラスなどが外されていた。部屋の周囲は、雑草が生えるがままになっていて、近くの部屋には住んでいる部屋もあるのだが、廃墟のような雰囲気を漂わせているのだった。

部屋を覗いていると、近所の男性が車で帰ってきた。中勝美について記憶に残っていることはあるかと尋ねてみると、苦々しい表情を浮かべて言うのだった。

「あんな奴のことは思い出したくないんよ。あいつは、近所に迷惑ばかりかけて、ロクな奴じゃなかったよ」

果たして、どんな迷惑を被ったのか、詳細について聞いてみると、

「色々ありすぎて、もう話したくないんよ。いなくなってスッキリしてるんよ」

散々な思いを近所の住民はしたようだった。

団地の近くに、雑貨屋があったので、そこでも話を聞いてみることにした。

「うちに買い物に来た時は、気のいいおっちゃんという雰囲気だったけどな。事件を起こすような人には見えなかったな。いつも買い物に来るんじゃなくて、忘れたころに来るんですよね。あんまり評判のいい人じゃなかったみたいやけど、私は悪い印象を持たんかったな」

人それぞれに、中勝美という人物に対する印象はあるようだ。改めて、彼が暮らした部屋の前まで来ると、部屋は闇の中に沈んでいたのだった。

大阪姉妹殺人事件

山地悠紀夫／死刑

母親を撲殺し、姉妹を刺殺した
男の生家アパート跡で思う心の闇

差別落書きはやめましょう。二〇〇九年の秋、ＪＲ大阪環状線芦原橋駅で電車を降りると、ホームや駅の構内にはそんな注意書きが目についた。駅の改札を出ると、片側二車線の広い幹線道路の両脇には、高層建築のビルが目につき、乾いた景色が広がっていた。駅前からほど近いマンションで山地悠紀夫はゴト師の仲間たちと暮らしていた。

ビルとビルの間に挟まれた一軒の自動車工場で、油まみれの手をした男性に、若い男に姉妹が殺害されたマンションはどこかと聞くと、

「おーっ、あのマンションか」

とすぐに場所を教えてくれた。

「それにしても、今頃どうしたん？」

男性は薄れかけた記憶を呼び戻されたようで、事件からしばらく経ったにもかかわらず、何をしに来たのかと尋ねてきた。ニュースバリューのある〝旬〟の事件を追いかけ続けているわけでもないので、現場を尋ねる度に、いつも投げかけられる質問ではある。今回に関しては、実は最近死刑になったんですよと

山地はこのすき間を伝って被害者の部屋へと侵入した

言ってお茶を濁した。取材する理由は、ただ単に自分自身が取り上げる犯罪者に興味が有るか無いかということに尽きる。

老人たちがゲートボールに興じている公園の隣に山地が暮らし、姉妹を殺害するに至るマンションがあった。公園の一角では若い男がひとりベンチに腰掛け、日向ぼっこをしていた。山地は中学卒業後、新聞配達をしながら、母親と山口市内のアパートで暮らしていた。当時交際していた女性への母親の無言電話に怒った山地は母親を金属バットで殴り殺害した。未成年ということで、数年の少年院生活で再び娑婆へと戻ってきた。誰しも短気を起こすことはあり、心の中で殺意に近いものを覚えた経験はあるだろう。今まで直接的には人を殺めることなく生きてきた私と山地との境界線は果たしてどこにあるのだろうか。そもそもそんなものは無く、生きてきた過程のほんのちょっとしたきっかけに過ぎないのだろうかと、マンションを眺めながらふと思った。

少年院を出た山地は、下関市内で新聞配達をしたあと、知人の紹介でゴト師グループに加わり、福岡を拠点としながら、大阪へと遠征してきたのだった。このマンションのある界隈は、大阪の繁華街ミナミにも近く、家賃が他の地域に比べ安いことから、繁華街のパチンコ屋荒らしまわるゴト師グループにはうってつけの場所だった。もちろんゴト師グループだけでなく、ミナミで働く、女性たちも暮らしていた。それが被害にあった姉妹だった。

姉妹を殺害した後、山地は逃亡するわけでもなくこの界隈の銭湯に入ったり、公園で寝たりしながら、ふらふらとしていたという。両親も既にこの世に無く、身を寄せる場所も無かった山地は、何を思いなが

かつて山地のアパートがあった場所は更地となっていた

ら、この辺りを歩いていたのか。

山地が生まれ育った山口県山口市、その街の中心部に暮らしていたアパートがあった。その場所へと足を運んでみると、アパートは既に取り壊されていて、駐車場となっていた。どんなアパートに暮らしていたのか。画像もないので、はっきりしたことはわからないが、両親が離婚し、母子家庭だったことから、木造のアパートだったのではないか。かつて山地が暮らしていたアパートのまわりには、長屋も建ち並んでいたというが、ほとんどが取り壊され駐車場となってしまっていた。付近には高層マンションが建ち、彼が暮らしていた頃とは雰囲気が変わっていた。この界隈で古くから暮らす女性は、山地が幼い頃、遊んでいるのを良く見かけたという。

「元気よく挨拶もするし、いい子やったよ」

その女性は、幼いころの山地を知るだけに、その後の母親と大阪で姉妹を殺したことが信じられないとも言った。この取材をしていると、どの犯罪者に関しても大概、同じように感想が返ってくる。誰しも他人には見せない心の闇があるわけで、それは犯罪者に限ったことではない。明るく元気だった山地も彼の一面だったのだろう。

中学卒業後から働きはじめた山地は、アパートから歩いて五分ほどの場所にあるおもちゃ屋に足繁く通い、子供たちとカードゲームに興じたり、その店で働いていた女性と恋にも落ちた。彼にとって安らぎの場所だったのが、おもちゃ屋である。その場所へと足を運んでみると、既におもちゃ屋は無くなっていて、学習塾へと姿を変えていた。塾の中では講師が、子供たちに勉強のアドバイスをしていた。

母親が働いていたスーパーも他のスーパーへと名前を変え、父親が働いていたと思われるパチンコ店も営業していなかった。山地が暮らしていた痕跡は急速に街の中から、消えてしまっていた。ただ街の商店街を歩いても、シャッターが閉まっている店が目につき、街自体がその姿を変えてしまったと言う方が正しいのかもしれない。

改めて、更地となった山地が暮らしていたアパートの場所へと戻った。何か彼の暮らした痕跡は無いかと思ったのだ。砂利の中にアパートが建っていたである基礎のコンクリートが見えた。父親を病気でなくし、母親を撲殺、そして罪も無い姉妹を殺害、呆気なく二五歳で死刑となってこの世を去った山地悠紀夫。その虚しき人生故に、人はなぜ生きるのかということを私に問いかけてくるのだった。

三菱銀行人質事件

梅川昭美／死亡

銀行を襲い、四人を射殺した男が最後に暮らしたアパート跡

「こらーっ、何撮ってんだ。フィルムを出せ」

カメラを向けていたのは、三菱銀行北畠支店を襲い、行員を人質に取り立て籠った梅川照美が最後に暮らしていたアパートだった。二〇〇九年の夏のことだった。

私に文句を言ってきたのは、アパートの大家と思しき中肉中背の男だった。取材者として当然の事として、フィルムを出すのを拒んでいたら、「ふざけんな、この野郎」と大きな声で怒鳴りながらカメラのストラップを掴んでフィルムを奪いにかかってきた。話してわかってもらうことは不可能だと思った私は、現場から立ち去ることにした。ストラップを掴んで指を振りほどき、私が走り出すと、「逃げんのか、待てーっ」と男は叫んだ。

男の野太い声を背で聞きながら、後述するが奇妙な因縁に不思議な気分だった。大家と思しき男は、これまで何度もしつこいくらい、取材者たちにイライラさせられてきたことだろう。私は大家とは何も言葉を交わしていない、ただカメラを向けていただけだ。

梅川が事件を起こしたのは、一九七九年一月二六日のことだ。四〇年以上経った今でも梅川は、取材者

大阪市内にある事件当時梅川が住んでいたアパート

の私もそうだが、男の中にも生きているのだ。梅川を通じた因縁が私と男を巡り合わせた。

最寄り駅まで一〇分ほど走り、さすがにもう追いかけてこないだろうと、後ろを振り返ったら、人ごみの中にしぶとく追いかけてくる男の姿があった。事件後も男の心の中に生きている梅川が、彼にのりうつり、梅川が私を追いかけてきている気分になったのだ。慌てて、再び私は走った。途中、休日ということもあり家族連れで賑わう長居公園に差し掛かった。緊迫した状況であっても、子供たちの賑やかな声が飛び交う中、男ふたりが追いかけっこをしている状況に、思わず「何をやってんだ」と、笑ってしまった。公園の中で人混みに紛れて、何とか男を巻いた。

梅川は広島県大竹市で生まれ、一五歳で殺人事件を起こした。現金欲しさから二三歳の人妻を殺したのだった。少年院に入り、一年余りで仮退院となると、梅川は父親の故郷である香川県の引田町で数年暮らしたあと、事件を起こす大阪へと移り住む。三〇年の人生の中で一番長く住んだのが大阪だった。

現在も同じ場所にある三菱銀行（現在は三菱ＵＦＪ銀行）北畠支店から、西に進路を取ると、帝塚山の高級住宅街、さらに西に向かって歩いて行くと、にわかに住宅の密集率があがる。南海電鉄岸里玉出駅周辺が、大阪に出てきた梅川が最初に住みついた場所だった。今でも古い木造アパートが建ち並び、銭湯も目につく。梅川が最初に暮らしたアパートは既になくなっていたが、当時の雰囲気が町の中に残っていた。大阪出身の友人によれば、玉出周辺は家賃も安く、四国や九州などの地方から出てきた人々が多く住んでいるという。

一〇年以上の大阪生活の中で、梅川はナイトクラブのボーイなどをして糧を得ていた。日々の生活の中で、

引田町の暮らした家からほど近い場所にある墓地。ここの無縁墓地に梅川は眠るという

梅川が数年暮らした香川県引田町

何が彼を事件に駆り立てたのか。事件前に梅川は友人たちに何か大きいことをしたいと語っていたという。派手で見栄っぱりなところがあったという梅川。友人だけでなく彼を知る人の話からも梅川の見栄っぱりな一面が浮かび上がってくる。梅川が最後に暮らしたアパート近くにある酒屋の店主が言う。

「見た目は不細工な橋幸夫とでもいいましょうか、月に一回ぐらいうちの店に来てくれて、賀茂の鶴だとか店に置いてないような高い酒を注文していくんですわ。そういえば名前を聞いたことのないワインを取り寄せたこともありました」

事件の三週間前に故郷を訪れた梅川は、近所の人々に高級数の子を配ったりしている。そうした人の気を引こうとする行いは銀行を襲い、四人を射殺するという凶悪な犯罪への序曲のように思えてくる。日本史上稀に見る凶悪な犯罪も梅川にしてみれば、人生を彩る花火のようだ。

取材の過程の中で、私は梅川が幼少時代を過ごした引田町（現在は東かがわ市引田）へと向かった。町は穏やかな瀬戸内の海に面していた。町の寺に、無縁仏として葬られているという噂を聞き、訪ねてみた。寺には無縁仏を祀った塔があったが、確たる話は聞くことができなかった。一軒の喫茶店に入ると、店の主人が教えてくれた。

「梅川の事は良く覚えてないけど、共犯者のことはよう知っとるよ。彼がこの町の出身でな。梅川の事件以降、酒びたりになって、窃盗やら無賃乗車やらしょうもない事件を繰り返しているんだよ。今も刑務所に入っとるよ」

男は梅川から一緒に銀行を襲おうと言われたが、襲撃には加わらず、逃走のために車を用意して警察に逮捕されていた。梅川は今も男の人生に大きな影響を及ぼしたという意味で生き続けているのだった。

群馬連れ子殺人・人肉食事件

龍／無期懲役

首と四股を鋸で切断し、肉を鍋に入れて肉鍋を作った女が暮らしていた集落

「ちょうど山から下りてきたら、おトラさんの家のところで警察官が土をふるいにかけているのが見えたんだよ」

太平洋戦争の終戦から二ヶ月ほどがすぎた一九四五年一〇月のこと、群馬県のとある村に暮らす、川島春治さんは山で薪拾いを終えて、家へと帰る道すがら、普段は見かけない光景を目にした。何人もの警察官がおトラさんという一七歳の少女が暮らしていた家のまわりの土を掘り起こして、何かを探しているのだった。

「事件なんて滅多に起らない村だから何やってんのかなぁって思ったんだよ。そうしたら、しばらく経って、おトラさんのことを母親のお龍さんが食べちゃったって聞いて、驚いたんだ」

義理の娘を殺し食べてしまうという事件を起こしたのは、この村に暮らしていた山野朝吉の再婚相手だった龍、三二歳。彼女は二二歳の時に最初の結婚をしていて、前夫の間に娘ができたが、夫との折り合いが悪く離婚。その娘を連れて二〇歳以上年が離れた朝吉と再婚したのだった。朝吉は、前妻との間に長女、次女のトラ、双子の四人の子供がいた。結婚後夫婦の間には二人の子供ができた。計七人の子供たち

事件の起きた村は山間部にあり、戦時中の食糧事情は厳しかった

のうち、龍と血が繋がっていない子供たちはトラを除いて奉公に出されていた。

ひとつ屋根の下に朝吉夫婦、龍の長女、トラ、朝吉と龍の間にできた二人のこどもの六人が暮らしていた。朝吉は土地を持たない日雇い労働者で、一家の生活は傍から見ていても厳しかった。朝吉一家の近所に暮らしていた春治さんが言う。

「今はゲートボール場になっているところに、朝吉さんの家があったんだ。家なんて呼べるもんではなくて、小屋みたいなもんだったけどな。それだって、自分で建てることができないで、村の人が建てたって聞いてるよ。どこの家も戦争中は作ったイモでもなんでも供出しなければならなかったから、生活は厳しかったけど、土地が無かった朝吉さんのところは、大変だったと思うよ」

一家の経済的な貧しさは、朝吉の性格的な問題も関係していた。朝吉は食い物に困らなければ、日雇いの仕事に出ない怠惰なところがあった。そして、朝吉の次女トラも精神的な障害を抱えていて、人と満足に話すことができず、学校にも通えなかった。

「昔は今と違って、学校に通わなくても、とやかく言われる時代じゃなかったから、トラさんだけでなくて通ってない子供も多かったけど、トラさんはボーッとしているところがあって、誰とも話すわけでもなく、家の前によく座っていたよ。朝吉さんはほとんど家の中にいて、外に出て来ないんだよ。傍から見たら怠け者なんだろうけど、生まれつきそうだったわけじゃなくて、元々はここから歩いて三〇分ほどの集落のけっこうな家だったそうだ。人に騙されたかで、財産を失って、ここに来たって話だよ。それ以来、頭がおかしくなっちゃったじゃないけど、無気力になっちゃったみたいだな」

朝吉一家が暮らした家の場所はゲートボール場になっていた

朝吉一家が眠る墓

当時の新聞報道などによると、被害者の父親は低能であると書かれていて、春治さんの見解とは違いがある。果たして、どちらが正しいことを述べているのか、今では知ることはできない。

事件は一九四五年一〇月、村に駐在していた巡査が村人の戸籍調べをするために一軒、一軒をまわり、山野朝吉の家も訪問したことから発覚した。その時、トラの姿が見当たらないことが気にかかった巡査が安否を龍に尋ねると、

「前橋に子守りに出ていて、八月五日の空襲で焼け死んだ」

特に感情の起伏も見せずに龍は言うのだった。もし死んでいるのなら、死亡届が出ているはずだ。巡査は朝吉の家を出て、その足で役場に向かうと、村長は空襲で焼け死んだという話は聞いているが、死亡届が出ていないと言った。不審に思った巡査が再び尋ねると、最初は前回と同じく空襲で死んだと言っていたが、にわかに証言が変わった。

「トラは病気で死んで、庭に埋めた」

空襲で死んだのではなく、家で死んだのであるなら、何らかのトラブルがもとで殺害された可能性もある。龍と朝吉は警察署に呼び出され尋問を受けることになった。

「食っちゃった」

はじめは食い物がなくて栄養失調で死んだと言っていた龍が、ぽつりと洩らしたのだった。

昭和二〇年三月二六日、近所からの貰い物で日々しのいでいた朝吉一家であったが、その日ついに食べるものが無くなった。龍は日頃から、自分と血の繋がる前夫との間にできた長女、朝吉との間にできた二

人の子供には目をかけてきたが、トラにはきつく当ってきた。日々満足に食えない中で、トラは身体が大きかったこともあり、人一倍飯を食らうことも、彼女には我慢ならないことだった。

トラ以外の子供たちを遊びに行かせると、腹が減って寝転がっていたトラを襲った。トラを絶命させると、首と四肢を鋸で切断し、肉を包丁で切り刻み空っぽだった囲炉裏の鍋に入れて、肉鍋を作ったのだった。頭と手首、足先や内臓などは、庭に埋めた。

肉などほとんど口にしたことなかった子供たちは、鍋に入った肉片を見て、歓喜しながら食べた。夕方、日雇の仕事を終えて、戻ってきた朝吉は、それが何の肉か悟ったのか、ひと口も手をつけなかったという。

龍はトラの肉を近所に配った。当時、新聞記者が村人たちにその肉を食べたのかと聞いて回ったが、誰も答えるものはいなかった。

「当時は村で、龍がトラに勝ったなんて、悪く言う人もいたけれど、みんな他人事じゃなかったんだ。食事にサツマイモが一本出れば、御馳走の時代だったんだよ。龍さんがトラさんを殺したってことになってるけど、もしかしたら、栄養失調だったから、よろけて倒れただけで、食べずに埋めた可能性だってあると思うんだ。だって、誰も龍さんがトラさんを殺してるとこを見てたわけじゃないんだから」

戦中戦後の食糧難の時代を生き抜いてきた春治さんは、人肉事件に関しては今も半信半疑のようだった。

龍は事件発覚後逮捕され、実刑判決を受けた。朝吉と子供たちは、村で暮らしていただのが、彼女が刑務所に収監されてから、しばらくして、朝吉との間にできたひとりの子供が栄養失調で亡くなった。

「もう昔のことだから、何歳だったかははっきり覚えていないけど、小さい子供が食いもんがなくて亡くなってんだぁ。母ちゃんが刑務所に入って、面倒が見切れなく、可哀想なことになっちまったんだぁ」

人肉を食べるという事件は、飽食の現代から見ると、ショッキング極まりないが、当時の時代状況を冷静に考えてみると、どこの場所で起きてもおかしくはなかったのかもしれない。その証しとして、村人たちの誰もが朝吉や龍を責めない態度に現れているように思えた。


朝吉一家は事件後も村に留まり、つい数年前に朝吉と龍の間にできた息子が亡くなるまで、暮らし続けていた。刑務所から出た龍は下仁田市内の寺に引取られ、そこで生活したという。

朝吉一家が暮らした家があったところから目と鼻の先に、朝吉が眠る墓があるというので、訪ねてみることにした。つい最近作られたと思われる真新しい墓には、朝吉の名前が刻まれていた。ただ墓誌には人身御供となったトラの名前は刻まれていなかった。私は、トラの冥福を祈りつつ手を合わせたのだった。

本庄保険金殺人事件

八木茂／未解決

欲望の土壌になったカラオケスナック跡

埼玉県の本庄は小高い丘に広がる街だ。この街を有名にしたのは、八木茂死刑囚らによる本庄保険金殺人事件であろう。

現場を歩いてみたいと思った。本庄保険金殺人は、八木茂が自分の愛人を使って、三人の男たちと、偽装結婚させ、多額の保険金を掛けたうえで二人を殺害。身の危険を感じた三人目の被害男性が、マスコミに名乗り出たことにより明るみに出た。

八木茂のもとには、連日マスコミが押しかけ、それを逆手にとった八木死刑囚が有料記者会見を開いたことで、彼の顔と名前は全国に知れ渡った。

二〇一七年の冬。本庄を訪ねた日は、からっ風が吹き、空が青くどこまでも高かった。果たして当時の建物が残っているのか、気にかかったが、住所をたよりにたどり着くと、今も変わらず建物があった。青い壁のスナックの奥には、保険金を掛けていた男たちを住まわせていた平屋の建物もあった。

スナックの近くを歩いていると、偶然だが八木茂の幼馴染みで、スナックにも通ったという男性に出会った。

「あの当時は、ここにハイヤーやらタクシーがずらっと並んで大変だったよ。その辺で小便するのもいるし、すごい賑わいだったなぁ」

スナックは道路から少し奥まった場所にあり、駐車場もあるのだが、そこには車が止まりきらず、スナック周辺の道路の両側が八木詣のマスコミの車両でいっぱいになった。男性は、懐かしそうに当時を振り返った。

「八木の店は、夜の七時ぐらいから開けるんだけど、店を開いた今から三〇年くらい前は、カラオケができて酒が飲める店っていうのは、あんまりなかったから、たいそうな賑わいでね。開店前から客が並んでいたんだよ」

カラオケだけでなく、店には八木茂の愛人であるフィリピン人女性のホステスもいたこともあり、ホステスたちの存在も客を呼び寄せたことは想像に難しくない。

一九八〇年代後半から、二〇〇〇年代初頭にかけて、北関東のいたるところにフィリピン人のホステスを置いたパブやスナックが乱立した。そこで働いていた女性たちは、半年の興行ビザで来日したタレントと呼ばれる女性たちだった。八木の愛人で事件に関わったアナリエ・サトウ・カワムラもそうした女性のひとりだった。彼女は、フィリピンで大学にも通っていたが、家庭の事情で、日本に働きに来ざるを得なかったのだという。果たして、主犯の八木茂はどのような人生を歩んできたのだろうか。スナックの常連でもあった男性が言う。

「八木は私より三つ年下で、弟が同級生だったんだよ。子供の頃のは、ひょろっとしていじめられっ子だっ

被害者が暮らしていた平家がスナックと同じ敷地にあった

繁盛していたという八木が経営していたスナック

た印象だよね。大人になってから見違えるように威勢がよくなったね。ダンプの運転手をして儲けたって話だったよね。ここに引っ越してきたのは、四〇年ぐらい前じゃないかな。居酒屋と金貸しもやっていたから、金に困っているような様子はなかったよね」

八木茂の一家は、祖父の代に利根川のほとりにある村から、ここ本庄に移ってきた。話をしてくれた男性の一家も、やはり三代前に東京から、本庄に移り住んで鍛冶屋をやっていたのだという。

男性がこの地に家を建ててから、しばらくして八木がカラオケスナックをオープンした。

「彫り物をいれたりして、ヤクザが店で絡んできたりしても、まったく怯むところはなかったな。ヤクザが来ると追い出したりしていたよ。スナックの酔っぱらいが、よく家の壁に小便を引っかけたりしたから、盆暮れにはちゃんと、菓子などを持ってきたりして、義理は通す男だったよ」

八木の普段の姿からは、犯罪の匂いは感じ取ることができなかったという。

「まさか保険金をかけて、人を殺しているようには見えなかったな。スナックも儲かっていたし、金には困っているようには見えなかったけどな。あの騒ぎがはじまった時に、八木と立ち話をしたことがあって、『俺は絶対やってないよ』と、言っていたのを覚えているよ」

殺害した二人だけでなく、他にも合わせて二〇億円ほどの保険金をかけていたという。それほどまで金に執着した理由は何だったのか。

動画サイトにアップされている八木茂の会見の様子を改めて見た。威勢の良いことを言って、まわりの記者を笑わせ、本人も笑みを浮かべているが、その目だけは、ガラス玉のようで、冷たく沈んでいるようにもみえる。

愛人たちを利用して、人を殺め、詐欺によって得た金を握りしめることだけが、彼の心に平安をもたらした。どこまでも人を信じることができなかったことが、事件へと繋がっていく。

八木茂は現在、再審請求をして無実を訴えている。被害者の佐藤さんは、トリカブトを飲まされ、殺害されてから川に遺棄されたことになっているが、弁護側は溺死であると主張しているのだ。佐藤さんの死体からトリカブトの毒は検出されていないという。殺害方法には不確かな点があるようだが、何億という保険金をかけていた事実は揺るがず、八木という男が、金に限りなく執着していたということは、紛れもない事実である。私はその点に、この事件から異様さとおぞましさを感じずにはいられなかった。

第二章

悪女

秋田児童連続殺人事件

畠山鈴香／無期懲役

人の温もりが感じられない無機的な生家

「なんでぇ、あんなことになっちまったんだろうねぇ、いまだに疑問なのよ。面会に行ったら、どうしたんだって、聞いてみたいんだよね」

畠山鈴香（当時三三歳）が暮らしていた県営住宅から程近い場所に住む主婦は鈴香が彩香ちゃんと豪憲君をなぜ殺めたのか未だに解せないのだという。

彼女は鈴香だけでなく亡くなった彩香ちゃんとも面識があった。

ちなみに最近、面会に行った彼女の知人によれば、鈴香は事件前に比べてかなりやつれてしまったという。

畠山鈴香の一人娘彩香（九歳）ちゃんが、秋田県能代市二ツ井地区を流れる藤琴川の中州で死体となって発見されたのは二〇〇六年四月のこと。前日に鈴香から娘がいなくなったと警察に通報があり、警察や消防団が中心となった捜索の結果、彩香ちゃんが発見されたのだった。そこから鈴香の不可解な行動が始まる。警察は川遊びをしているうちに川に流された事故死としたのだが、鈴香は事故死とは思えないと、ビラを配ったり、マスコミに訴えるなどして、一部マスコミから悲劇のヒロインとして注目されるに到った。

彩香ちゃんの死から一ヶ月ほどして、同じ県営住宅に住む米山豪憲君（七歳）が行方不明となり、能代市内を流れる米代川で遺体となって発見された。豪憲君の事件発生により警察は、鈴香に疑いの目を向ける。そして鈴香は事件発生から一ヶ月後、豪憲君の死体を遺棄した疑いで、鈴香は逮捕される。その後、彩香ちゃんの殺害に関しても容疑を認めた。それにしても、彩香ちゃんの殺害に関しては、警察は当初事故死として事件性を認めていなかった。しかし彼女は自分で殺害したにも拘わらず、警察だけでなくマスコミにも、真相が知りたいと、執拗に訴え続けた。なぜ彼女は自ら捕まるような行動をとり続けたのか、そうした行動の背景は未だに解き明かされておらず、謎のままである。

鈴香が生まれ育った秋田県能代市は、世界遺産である白神山地の玄関口としても知られ、付近は水田が広がり静かな農村地帯である。鈴香の父親は、ダンプを数台所有する運搬会社を経営していた。母親は高校卒業後にＪＲ二ツ井駅近くの繁華街宝来町にあるスナックで働いていた。二人は客とホステスという関係から結婚に至った。私が現場を歩いた二〇〇九年、かつて母親が働き、それを目当てに父親が足繁く通った街の繁華街は今ではひっそりとして寂れてしまっていた。母親が働いていたスナックは既に無く、駐車場になっていた。江戸時代からの木材の運搬で賑わい、多くの人々であふれ返った街には、以前遊郭もあったというが、今日の姿からは想像もできない。鈴香の父親とは猟銃を撃った仲間で、鈴香の実家にも行ったことがあるという町の食堂の主人が鈴香の父親の人となりについて語ってくれた。

「鈴香が小さい頃は、良く家族で食べに来たよ。父さんは見栄っ張りでね、景気が良いときはすぐに金を使っちゃうから、金は残らんなかったんじゃないかなぁ、母さんにタコ焼き屋をやらせたりいろいろして

この橋の上から鈴香は娘を突き落とした

鈴香と娘が暮らした家は壊され、その場所には雑草が生えていた

ススキの原の向こうに畠山鈴香の実家があった

たけど、どれもうまくいかなかったんじゃねぇかなぁ。事件からしばらくして、父さんは亡くなって、建てた家にも誰も住んでいねぇって話だよ」

二ツ井地区の中にある鈴香の実家を訪ねてみた。今では誰も住んでいないという家は、車道から砂利道を入ったススキの生い茂る野原の中にあった。門も塀も無いその家は、建築自体はしっかりとした体裁を持っているが、どこか人の温もりが感じられず、まるで港に置かれているコンテナのようにすら見える。家が人を造るという言葉があるが、この無機的な家は、畠山鈴香の人格形成に少なからず影響を及ぼしたように思えてならなかった。

鈴香は高校卒業後、この町を出て栃木県鬼怒川温泉へと働きに出る。彼女が働いていたホテルは既にオーナーが変わっていて、名称が変わっていた。ただ建物は当時のままで、東武東上線の鬼怒川温泉駅を下りると、堂々としたその建物が目に入ってくる。ここ鬼怒川温泉で働いた後、ここから川を遡った川治温泉でもコンパニオンとして働いていた。残念ながら当時の彼女を知る人はいなかったが、一〇代後半から二〇代前半の彼女が、地元を離れひとときの青春時代を送った町である。

その後彼女はシングルマザーとなり、釣具屋、パチンコ屋と職を転々として、果てには家に男性を呼び込み売春をしていたとの報道もある。高校時代も彼女はいじめに遭い、卒業文集にも同級生から帰ってくるなだとか、悪辣な言葉を寄せられている。そう考えると、故郷を離れこの山間の鬼怒川や川治温泉で過ごした少ない時間が彼女にとって貴重な青春のひとコマであったに違いない。私は観光客で賑わう、この温泉町の光景を目にしながら、ひとり複雑な感情を抱かずにはいられなかった。

鬼怒川の日々から一四年後、彼女の人生は大きな破局を迎える。二〇〇六年四月九日、彼女のひとり娘彩香ちゃんは近所の商店にカップの焼きそばを買いに来た。それが数時間後母親によって命を絶たれる彼女の最後の晩餐だった。私も彩香ちゃんと同じ焼きそばを買い求め、ホテルの一室で食べてみた。熱湯を注ぎ数分、出来上がった焼きそば。そこには母親の愛情も何も無い。それは腹を膨らませるだけの代物だ。彩香ちゃんの最後の晩餐はただただ切ない。焼きそばを食べて数時間後、彩香ちゃんは藤琴川に架かる大沢橋の上から突き落とされ、正に短い一生を終える。日も落ちた闇の中、鈴香はどんな思いで、娘を一〇数メートル下の川に突き落としたのか。鈴香の心の闇は今もって誰もわからない。

阿部定事件

阿部定／懲役六年

東京神田で生まれ、富山、長野県飯田、大阪飛田、兵庫県丹波篠山、神戸、名古屋——一五年にわたって体を売った道のり

「ウチのオヤジと乳飲み兄弟って聞いてますよ。ウチの婆さんってのが、九人も子供を生んでいるから、おっぱいの出が良くてね。阿部定のお母さんってのが、あまり子育てができない人だったようだから、余ってるからウチのおっぱいあげるよってね」

東京神田町、二〇〇七年冬を歩いた。今ではオフィスビルが建ち並ぶ一角に男性器を切断し殺害した阿部定が生まれ育った家があった。今では生家の痕跡はなく、ビルになってしまっているが、生家跡から程近い場所に暮らす男性が、彼の祖母と阿部定の浅からぬ因縁を話してくれた。乳飲み兄弟とは、今ではほとんど死語になってしまっている言葉であるが、人情味豊かな下町ならではの人と人との繋がりが、この町にはあった。神田が大きく変わっていったのは、一九六〇年代だという。それまでは、月に三日縁日があり、人通りが絶えず賑やかだった。今では、通りを行くのは車ばかりで、人通りはほとんどない。

阿部定は一九〇五（明治三八）年五月二八日に生を受けた。当時の神田周辺は、職人とその家族が住む長屋が建ち並んでいた。阿部定の父親の稼業は畳職人。腕の良い職人で、常時五、六人の職人を雇い、商売は繁盛していたという。上げ膳下げ膳で女中に食事を運ばせ、小遣いも不自由なくもらい、物心着く頃

阿部定が働いていた丹波篠山遊廓。その跡には今も当時の建物が残る

丹波篠山の遊廓は日本陸軍の兵士向けにつくられた

には、近所の不良たちを集めて浅草に繰り出したという。そうした阿部定の男関係にだらしない生活態度を見かねた父親によって、

「そんなに男が好きなら芸妓にでもなれ」

と芸者として横浜に売られてしまう。

その後、富山、長野県飯田、大阪飛田、兵庫県丹波篠山、神戸、名古屋と流れながら、一五年にわたって体を売った。彼女の転機となったのは一九三五年名古屋で学校の校長を勤める人物と出会いだった。真っ当な道を歩むように言われ、のちに男性器を切断し殺害することになる石田吉蔵が経営する料亭で働くことになるのである。淫売の道を離れたことが事件を起こすきっかけとなってしまった。

事件を起こすまでに阿部定が歩いた道を辿って、私は旅をしてみることにした。長野県の飯田市、かつて阿部定が芸者として身を置いていた三河家は蕎麦屋になっているのだが、創業者の一族は変わらず、四代目となる店主の妻は先代の女将から聞いたエピソードを私に話してくれた。

「ずいぶんと粋な人だったと聞いてますよ。食事は賄いが出たんですけど、わざわざ外に洋食を食べに行ったり、ビリヤードをやってから、銭湯に行くのが日課だったようですね。それと、とてもプライドが高かったようで、お客さんから誰でもいいからなんて言われたら、絶対に行かなかったようです。うちでは静香という源氏名だったので、静香さんという指名が無ければ、動かなかったって聞いています。それと気前の良い人で、着物の帯にお金を入れていて、たまにお小遣いなんて言ってお金をくれたり、時計ももらったみたいですよ。時計は取っておけばよかったんですけど、ないんですよ」

阿部定が情夫の性器を切断した尾久三業地

今も色街として賑わう飛田。この街でも阿部定は体を売っていた

当時の飯田は生糸や材木の商いで賑やかな街だったという。当時の地図を見ると、ビリヤード屋が二軒あり、三河家と通りを挟んで目の前には、阿部定が通った精養軒という洋食屋があった。今では街は寂れてしまったが、飯田が華やかな時代に阿部定はここにいた。

三河家店主の和夫さんは、東京で修行をしている時代、晩年に阿部定が経営していたバーに顔を出したことがあった。東京オリンピック前のことだったという。

「三河家の倅ですなんて言わなかったですよ。ほんの小一時間、店に行っただけですよ。小さな店だったね。うちの母親は嫁には阿部定さんのことを話してくれたみたいだけど、さすがに息子の自分には何にも話してくれなかった。事件が事件だけに当たり前だよね。どんな人だか見たかったんですよ。普通のお婆さんだったよ」

丹波の黒豆と猪鍋が有名で、素朴な田園風景が似合う丹波篠山、この土地と阿部定、両者の間の結びつきを想像することは難しいが、ここ丹波篠山の町の一角にかつて遊廓街が存在した。その名残は田んぼが広がる農村風景の中に今も残っていた。遊廓はこの地に駐屯していた陸軍歩兵第七〇連隊の兵士のために造られたものだった。この遊廓に阿部定も身を寄せ、彼女が働いていた大正楼という遊廓は今では壊されてしまったが、私が取材した当時は現存していた。

大正楼だけでなく、他にも遊廓や建築物が残り、昨今の風俗街の建物からはほとんど感じることのない文化の香りが農村地帯に漂っているのだった。ここで働いていた阿部定にしてみれば、冬の寒さも厳しく、付近は田んぼばかりのこの土地は良い働き場所ではなかったらしく、遊廓から逃げ出している。

飯田、丹波篠山と現在からは想像もできない場所にある派手な色街、阿部定が逃げ出したことからも、娼婦たちの置かれている状況は厳しいことがわかるが、その一方で戦争へと進んでいく暗い世相の中には、今より華やかな庶民文化が各地に花開いていた。そうした土地を阿部定はわたり歩いていたのだった。

東京都荒川区尾久、かつて尾久三業地と呼ばれた歓楽街、阿部定が事件を起こした土地である。二年前にここを訪ねた時には、古い旅館が残っていたのだが、今では駐車場となっていた。当時の雰囲気を残しているのは、密集した住宅街と細い路地ぐらいだ。

かろうじて、事件当時のことを記憶していた老女に出会った。老女は当時芸者の見習いをしていた。

「私は一二、三歳ぐらいだったかね。この通りに新聞社の車がだーっと並んじゃってね。家じゃ新聞社からの電話が鳴りっぱなし。あの頃、人殺しなんて無かったから、大変だったんだよ」

事件は今から七五年も前のことではあるが、大きな衝撃を人々に与えたことがよくわかる。

阿部定事件はどうして、今も多くの人々の気持ちを捉えて離さないのだろうか。女性が男性器を切断し殺害するという事件は、阿部定事件以降、起きているのかもしれないが、公にはなっていない。彼女は切断した吉蔵の男性器とともに血染めの股引やズボンも着込み逃走、逮捕後、警察で吉蔵の衣服を押収されるのを拒んだ。取り調べにおいても、どこか満足気な表情を浮かべていたという。妻帯者であった吉蔵との道ならぬ恋ゆえに、生かしておいたら他人のものになってしまうとも彼女は言った。純愛がいきつくところまでいった故の殺人。彼女にとって吉蔵を殺めることは、彼を自分の心の中だけで生かすことでもあった。阿部定は静岡県身延山久遠寺に吉蔵の永代供養をしている。一九八七年まで毎年吉蔵の命日は花が届いたというが、今では届かなくなり、行方は杳として知れない。

和歌山毒物カレー事件

林眞須美／死刑

小さな民家が肩を寄せ合うように密集している集落は、地元の人から海賊の集落と呼ばれていた

林真須美死刑囚が家族と暮らした家は公園になっていた

車一台がやっと通れるほどの道を歩いていくと、目の前に白波が立つ海原が広がっていた。雨まじりの強風がひゅーひゅーと容赦なく吹き荒んでいる。二〇〇七年に初めて訪ね、八年ぶりに訪れたのだが、前回も雨混じりの似たような天気だった。

岬の突端にある集落は三方を小高い山に囲まれ、すり鉢状の斜面に小さな民家が肩を寄せ合うように密集している。正しく猫の額ほどの土地に建てられた家々には庭は無く、細い路地が網の目のように家と家とを繋いでいる。人と人の距離は限りなく近い、板子一枚で荒波に乗り出す漁師たちの、濃厚な人間関係が伝わってくるような集落である。

夏祭りに出されたカレーを食べ四人が亡くなった和歌山市園部で起きたカレー事件の林真須美死刑囚はこの集落で生まれた。事件発生当時は疑惑の人物と騒ぎ立てられ、今ではえん罪事件の悲劇のヒロインとしてマスコミからスポットライトを当てられている女性である。

この集落の歴史は江戸時代にはじまる。それまでこの土地に住む者は無かった。今から約三五〇年前の元禄年間、紀伊半島の南端津荷に暮らしていた二組の夫婦が、紀伊徳川家へ献上するタイやアワビを採ることと、海上警護の命を受け入植したことにはじまる。

「あそこはよそから来て、元々は海賊だよ。言葉も違うしな」

車で走ること一〇分ほど、違う地区に暮らす男性は言った。真須美死刑囚が生まれ育った集落が、周囲の町や村と心理的な距離があったことがわかる。地縁というものが色濃く残っている土地にあって、彼女の暮らした地区は、異質な存在だった。事実、集落では和歌山弁ではなく、南紀方言が色濃く残っているという。

漁業を生業とするこの集落の網元の娘だった彼女は何不自由なく過ごしてきた。現在和歌山市内で暮らす夫の林健治さんは出会った当時のことを思い浮かべながら真須美死刑囚の暮らしぶりについて語ってくれた。健治さん三六歳、真須美死刑囚二〇歳の時の出会いだった。

「真須美は高等看護学校の学生やったね。当時大阪に住んでいて、私の住んでる和歌山までタクシーで往復するんですよ。一回六万円。深夜の一〇時になったら深夜割り増しになるからよけい高いんですよ。それでもバンバン来るんですわ。二〇万円の金なんか二日か三日で無かったですよ。そんな金どうすんの聞いたら、お父さんに電話すればすぐに銀行に入れてくる言うて、そしたら嘘か本当か関心あったから、お父はんにいっぺん電話してみぃよって、電話したんです。真須美が、『お父さんちょっとお金のうなったんで振り込んでよ』『なんぼならぁ』てなこと言うて『五〇ほど振り込んでぇ』言うて、もうその明くる日に五〇入ってたんですよ。すっごいところの子どもやなぁって」

交際が進み、真須美死刑囚と結婚し家を建てた健治さん、さらに一家の豪快さに驚きを覚える。

「真須美のオヤジが、アパートなんか借りとったら、ワシの友だち連れてたら格好悪いから、家買え言うて、ほんで僕の金で家買うたんですよ。三千万円のローンで。買うた瞬間にオヤジが二千万円のキャッシュくれたんですよ。新築祝いや言うて、これ持っとけ言うて。スーパーの袋に入れて。なんかな思うて中見たら、二千万円の金ですよ。それポンとカウンターの上に置いといたんですよ。ほんだ今度はそのあとに真須美のお母さんが来てですね、健治さんこれ、言うて見たら一千万入ってんですよ。お母さん、昨日二千万オヤジさんにもうたですよ、言うたら『お父さんはお父さん、私は私』言うて。家買うたら、三千万円の現

林真須美死刑囚が生まれ育った和歌山県有田市の海沿いにある集落

元夫の林健二さんは真須美死刑囚の冤罪を信じている

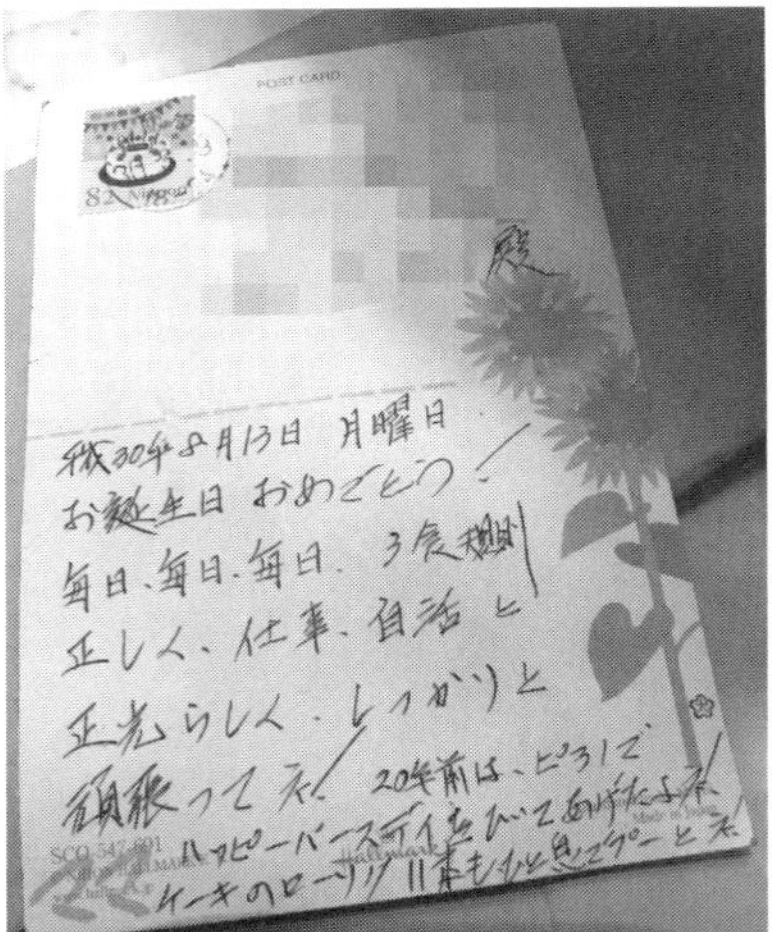
POST CARD
殿
平成30年8月13日 月曜日
お誕生日 おめでとう！
毎日、毎日、毎日、3食規則
正しく、仕事、自活と
正光らしく、しっかりと
頑張って ネ！

林真須美死刑囚が息子に宛てた手紙

金がポンとくれよったんでよ。そんな家でしたよ。もう船は一回沖でたら、一千万円、二千万円の売り上げですからね。鯛獲り専門やったから、当時バブルが崩壊する前やから、一匹獲ったら三万か四万で料亭がなんぼでも買い取るんですよ。そりゃもうすごい金でしたよ」

豪快な漁師たちの生活ぶりが伝わってくるエピソードだ。稼いだ金は、そのまま使い切る、漁師気質はやはり命がけの現場に生きることから生まれてくるのだろう。そもそも漁船の安全が確保されたのも戦後しばらく経ってからのことだ。櫓を使った人力の時代から漁師たちは自分の経験とカンだけを頼りに危険な海と向かいあってきた。漁師の生き様は当然、定期収入を得られるサラリーマンとは違ったものになってくる。

林真須美死刑囚が生まれ育った集落も、今日では高度経済成長期にできた近隣の工場へ働きに出る人が増えたが、それまでは漁業で生計を立ててきた。真須美死刑囚自身も、網元の父親の豪快な生き様を目に焼き付け生きてきた。高度経済成長期以降日本人の中に埋め込まれている一億総中流の意識とは相容れない価値観の中で生きてきたのだ。それ故に海に暮らした人々が陸で暮らすということで、軋轢が生まれることは必然であったのだ。

和歌山市内、カレー事件の現場となった園部、中世の荘園に歴史が始まるこの地区は、紀ノ川が近くを流れのどかな田園地帯の中にある。真須美の生まれ育った集落とは別世界である。当然、人の気質も真須美死刑囚の集落とは違う。

今では公園となってしまっている真須美が暮らしていた豪邸の跡地、この新興住宅地の中、保険金詐欺という犯罪行為で生活の糧を得て、外車を乗り回し、昼間から仲間を呼んでマージャンをしたりと、真須美死刑囚と健治さんの存在は得体の知れない異物であった。ただカレー事件に関しては、目撃者はおらず真須美も一貫して否認し続けている。夫の健治さんは言う。

「まさか人にごたごた言われて、陰でこそこそヒ素盛って、そんなこそくなとこやないですよ。もうその場で喧嘩ですよ。生まれ育ったところでは、だからその最初の動機が解せなかったんやね。近所のもんに言われて激高して、そんでこそこそ意趣返しして、それはないやろうと思ったんですよ。だから裁判官もその動機は否定しましたけどね。事件の前から、近所で犬が殺されたりとか、たんぼに毒流されて一年間米が穫れなんかったり、そういうことがあったんですよ。ワシらが引っ越して来る前に、そういうヤツが園部にうろうろしているのに、保険金詐欺が出てきたんでこっちが犯人にされたんですよ。死刑が確定して再審にかけるって言うたって、その再審でも三〇年、四〇年っていう月日がかかってですね。やっと無罪を勝ち取ったっていうたって、僕はこの世におるやらおらんやら分からんやろうし、もう一言で言うたら、『おそらく嫁はんはもう二度と帰ってこんのやなぁ』って言う。そう思うたね」

真須美死刑囚を犯人と見なすには決定的な証拠はどこにも存在しない。奇異なその存在が疑惑を生み、事件の犯人へと祭り上げられたことが十分考えられる。

死刑確定後、面会に行った健治さんによれば、真須美死刑囚は、大粒の涙を流して悔しさを露にしたという。

「すぐ帰ってくるから」

逮捕の日の朝、そう言って今は公園となっている豪邸を出た真須美死刑囚。豪快な海原とは正反対の薄暗い独房の中で囚われの身となり、今も冤罪を訴え続けている。

松山ホステス殺害事件

一五年の逃亡生活を支えた故郷
「ハーモニカ横丁」

福田和子／無期懲役

福田和子の母親がスナックを経営していたハーモニカ横丁。今は駐車場になっている

「崩れそうな家が建っているって話だよ、親から行くなって言われた場所だから、行ったことがないんだよ」

松山ホステス殺人事件の犯人で、時効の三週間前に逮捕された福田和子。二〇〇九年、彼女が中学生時代に暮らしていた愛媛県今治市にあるハーモニカ横丁の場所を地元の男性に尋ねると、そんな答えが返ってきた。

何人かに聞き取りをしながら、何とかハーモニカ横丁を探し出すと、ただ崩れそうな家はなく、屋根付きの車庫がいくつか並んでいるだけだった。それを道路の反対側から眺めると、なるほどハーモニカのようにに見えなくもない。ただ、ハーモニカのように優しい音色を奏でるわけでもなく、福田和子の母親は、この場所で飲み屋を経営し、ホステスに自宅で売春をさせていたのだった。当時小学生だった彼女は、男と女の生々しい営みを目に焼き付けて育った。

彼女の生まれは、愛媛県川之江市（現四国中央市）、それから母親が漁師と再婚し、瀬戸内に浮かぶ来島へ、島という環境ゆえによそ者には厳しく、生活はうまくいかなかった。

その後ここ今治へ、それから彼女は男ができ高松へ、そこで窃盗を犯し、刑務所へ入っている。出所後、また今治へと戻り結婚、県内の大洲市へ、その後松山で働きはじめ同僚のホステスの首を絞めて殺害し、金品を奪って被害者の遺体を山中に遺棄し、逃走。福井県福井市で逮捕されるまで、逃亡生活がはじまる。

彼女の人生を眺めてみると、幼少期から人生のほとんどを土地から土地へと漂っている。しっかりと腰を据えて暮らした家というものが存在したのだろうか。

人の顔色を窺いながら、人から人へと怪しまれずに生き続けた一五年にわたる逃亡、そんな芸当ができたのも幼少期からの彷徨い続けた人生あってのことだったのかもしれない。そんな彼女の人生の中でも、ここ今治市はどこか特別な場所のように思える。逃亡生活中、一度今治を訪れて、長男とも再会を果たしている。そしてこの土地の人々も、どこか福田和子に優しい。

「福田和子かー、ずいぶん古いな、運が無かったんや、かわいそうや、あと一日か、一週間か、逃げ切れたら、映画かテレビに呼ばれて大金持ちになったやろ、かわいそうや。北海道の飯場に隠れていたとちゃう、逃げ続けたんやからたいしたもんや、それにしてもかわいそうや」

タクシーの運転手はまるで自分のことのように、感情移入しながら話した。そして取材の途中で入ったお好み焼き屋では、ひとりお好み焼きを焼いていた女性がひと言。

「哀しくなるね。切なくなるね」

彼女の言葉からは、福田和子を犯罪者として蔑むわけではなく、ひとりの女の生き様をそう表現した。私は犯罪者の故郷を訪ね続けているが、このような感覚を持つ地元の人々に会ったのは初めてのことだった。それ故に、彼女がこの土地で長男と会ったことが必然性のあることに思えたのだ。

私は福田和子の軌跡を辿りながら、彼女が逮捕された福井県福井市へと向かった。彼女はこの地のおでん屋で福田和子と感づかれ、警察に通報され、時効三週間前に逮捕されたのだった。

福田和子が通っていたおでん屋は無くなっていたが、同じ経営者が近くで小さな飲み屋を開いていた。

店のドアを開けると、店の女主人と目が合った。彼女は一瞬驚いた表情をした。おそらく常連ばかりの店で、新規の客などほとんど来ないのだろう。カウンターだけの店は、常連と思しき二人の客だけだった。

少女時代に暮らした瀬戸内海に浮かぶ来島。ここでの生活には馴染めなかった

同僚の女性を殺害したマンション。ここから時効寸前に逮捕されるまでの逃亡生活が始まった

（上）福井市内の赤線にも潜伏していた　（中）最後に滞在していたビジネスホテル　（下）時効寸前に逮捕されたおでん屋跡

私はしばし、他愛もないことを話したあと、福田和子について尋ねた。

「普通の子だったよ。ただ誰にでも愛想は良かったね。福井の人間だと言っていたけど、話し方が違うから、すぐに福井じゃないとわかったよ。嘘八百言っている感じだったよね」

どこか後ろめたい気持ちがあるのか、女主人はすぐに福田和子の話を打ち切った。代わりに店の常連さんが福田和子との思い出を話し出した。逮捕された日も店で同席していた彼女が言った。

「あの日は暑い日だったね。彼女は頭にタオルを巻いて歌っていたよ。私達はレイ子ちゃんて呼んでいたんですよ。福井のデパートで化粧品を売っているって言ってましたよ。まさか私は人を殺しているようには見えなかった。普通の良い子でしたよ」

どこか人も穏やかで、彼女の育った今治と似た所もある福井市、一九九七年七月二七日、彼女は常連さんと、ひと時この店で過ごしたあと、午後三時半店の外で張り込んでいた警察に身柄を拘束される。

流れることを宿命づけられたかのような彼女の人生はその流れを止められた逮捕により静かに幕を閉じた。二〇〇五年三月脳梗塞で倒れた彼女は和歌山市内の病院から死出の旅に出たのだった。

第三章

欲望

首都圏女性連続殺人事件

小野悦男／未解決

冤罪ヒーローから人殺しへと転落した男の複雑な出自

小野が暮らしていた都営住宅。部屋は一階だった

「俺も土いじりが好きでさぁ、庭に畑をつくってんだぁ」

東京都足立区にある都営栗原団地に住む主婦の相沢広子がアジサイの剪定をしていると、背後から茨城訛りの言葉で話しかけられた。振り返ると、人懐っこい笑顔を浮かべ、一見朴訥な雰囲気を持った男が立っていた。

その男が首都圏連続女性殺人事件で逮捕されたものの、無罪となり冤罪のヒーローとして世間で騒がれていた小野悦男（当時五九歳）であると知るのに時間はかからなかった。私が相沢に話を聞いたのは二〇一四年のことだった。

一九六八年から一九七四年にかけて、東京、千葉、埼玉で、八人の女性がレイプされたうえに殺害されるという事件が起きていた。小野は現場周辺で女性宅に忍び込み窃盗事件を起こしていたこともあり、容疑者として逮捕されたのだった。

茨城県北浦村出身の小野は、少年時代から盗みを繰り返し、中学を満足に卒業することなく、少年院に入るなど、素行の悪さが地元でも有名であった。故郷を離れた小野は、都内に暮らさず親族の家などを転々としながら、建設現場などで働き、窃盗や詐欺、暴行などの犯罪を繰り返し、逮捕された時点で前科八犯であった。

逮捕後の取り調べの中で、ひと度小野は自白したが、一転して無実を訴えると、文化人や弁護士によって「小野悦男さん救援会」が結成され、世間の耳目を集めた。一九八六年の一審では無期懲役が言い渡されたが、一九九一年の二審で無罪を勝ち取ったのだった。

小野が生まれ育った土地

暮らしていた部屋の目の前に首を埋めた

首都圏連続女性殺害事件で女性の遺体が発見された松戸市内の現場

昨今の足利事件や東電ＯＬ殺人事件など、冤罪事件の走りとも言えるが、決定的に違うのは、被告であった小野が過去にも犯罪を繰り返し、まともな市民とは言い難い点にある。

一六年ぶりに自由の身となった小野は、栗原団地に母親と二人で住み始めたのだった。前出の相沢が言う。

「それから、良く話すようになって、小野さんが育てた花をもらったりしてね。あの人は愛想がいいんだけど、腹にイチモツあって陰があるっていうのかな、何を考えているのかわからないようなところがあったよね。たまにぽつりと言ったりするのよ。『俺は農家の息子だから、土のことはよくわかってる。死体は埋めちゃえばわからないんだ』とかね。無罪で出て来たけど、この人やってたんだろうなって思ったわよ」

小野を身近に見ていた彼女が感じていた薄気味悪さ、その一方で小野はマスコミに冤罪のヒーローとして登場し続けていた。一九九四年一二月、朝日新聞が横浜の工事現場で働き、日当から六千円を貯金にまわし、慎ましやかに母親と暮らしているという小野の姿を記事にしている。記事の中で笑顔を浮かべる小野。その心の内は何を考えているのだろうか。

一九九六年一月、足立区東六月町の駐車場で、首無しの女性の焼死体が発見される。この件で逮捕されたのは、小野だった。事件発生当初から、警察は小野を疑った。ただ物証を得てから逮捕に踏み切らないと、前回と同じ轍を踏むことになる。内偵を進めて行くうちに、小野が自宅近くの公園で幼女暴行事件を起こした。逮捕後小野をＤＮＡ鑑定したところ、焼死体から発見されたＤＮＡが一致し、女性殺害を認めたのだった。逮捕後、小野の部屋の裏庭から、女性の首が発見され。小野は冤罪のヒーローから人殺しへと転落したのだった。その前兆を相沢は既に見ていた。

「お母さんが亡くなってからかね、女関係も派手になっていったのは。当時、アル中の女性がこの団地に住んでいて、私が面倒を見ていたんだけど、小野さんは彼女と付き合っていたのよ。それ以外にも方々で声を掛けていたみたいよ。殺された女性っていうのは、見たことなかったですけどね。首無しの死体が発見された時も、聞いたのよ。アンタじゃないの？　って。そうしたら、笑って何も言わなかったけどね。だけどあの事件の事はよく覚えているわよ。小野さんの裏庭のところで、警察犬がワンワン鳴いて、すごいウルサくて、全然動こうとしないのよ」

獄中とシャバを行き来する人生を送って来た小野、私は彼が生まれ育った茨城県行方市を訪ねた。生家の近所で聞き込みをすると、聞こえてきたのは、小野の出自に関することだった。

「小野さんのところは複雑な家庭環境でね。お父さんの体が弱くて、子どもが作れなくて、子どもたちは本当のお父さんの子どもじゃないっていう話ですよ。当時は行商の魚屋さんが、この辺りをまわったけれど、その人の子どもだって聞いてます。行商の魚屋さんが来ると、近所の男衆が障子に穴を開けて覗いていたら、障子が倒れて大騒ぎになったなんて話もあるぐらいです。生活は厳しかったみたいだから、小野さんが近所の畑から野菜を盗んだなんてことは聞いていますよ。それと、中学生ぐらいの時に猫の首を切り落としたこともあって、ちょっとおかしいと評判になりましたよ。それと、未だに犯人がわからない放火事件があって、小野さんがここにいるときはいろいろありましたよ」

出自が彼の人生を歪めてしまったのだろうか。道を外すことがなければ、田園風景が広がるこの土地で、土いじりをする人生を送っていたのかもしれない。

東京・埼玉連続幼女誘拐殺人事件

宮崎勤／死刑

未だ買い手がつかない宮崎勤・生家跡

「あそこにカメラを持った何か変な人がいます」

集団下校をするために校庭に集まった小学生たちが、先生にそう伝える声が聞こえてきた。変な人とは私のことだった。

「早く帰りなさい」

先生がそう促すと小学生たちの集団は走って学校を出て行った。私は、埼玉県入間市にある入間ビレジ七号棟前に架かる歩道橋にいた。二〇一五年三月、カメラを持って付近を撮影していた私は、小学生を撮影にきた不審者だと思われたのだ。その時、この地区では未だに宮崎勤の亡霊は生きているのだと思った。この歩道橋で当時、四歳の今野真理ちゃんが連れ去られたのは、一九八八年八月二二日のことである。事件からかなりの年数が経ち、この場所を通学路に使う小学生たちは、宮崎勤が起こした事件を知らないだろう。ただ、この界隈に暮らしてきた人々や小学校の先生たちには、今も生々しい記憶として残っていて、不審者への警戒を怠らないのだ。

宮崎は国道一六号線を走り、土地勘のあった東京電力新多摩変電所へと向かい、そこで車を止めて、ハ

宮崎勤の生家があった場所は現在駐車場となっている

イキングコースを歩いて、日向峰の山林の中で、真理ちゃんをいきなり押し倒し絞殺した。翌日にも殺害した現場を訪ね、真理ちゃんの性器に指を入れるなどした様子をビデオ撮影した。

翌年には真理ちゃんの殺害現場から遺骨を持ち帰り、自宅前の畑で家具類などと一緒に燃やしてから骨だけを拾い、真理ちゃんの半ズボンやサンダルの写真とともに段ボール箱に入れて、両親が暮らしていた入間ビレジの玄関の前に置いた。

マスコミによって、送られてきた真理ちゃんの歯が別人のものだという報道がなされると、今田勇子名で犯行声明文を送りつけるのである。

一件目の犯行を振り返っただけで、おぞましい気持ちにさせられる。その後、宮崎は犯行を重ねていき、四人の幼女を殺害した。

一連の事件を起こしてから、一〇ヶ月が過ぎようとしていたが、捜査の手は宮崎には及ばなかった。さらに幼女を物色していた一九八九年七月、宮崎は八王子市内の公園で九歳と六歳の幼女を見つけ、六歳の幼女を公園近くの林道に連れ込み、全裸にして撮影しているところを幼女の父親に見つかり、強制わいせつの現行犯で逮捕された。後に自供によって、猟奇的な事件の数々が明るみに出るのである。

「銀座みてぇだったよ。いやぁ、銀座以上だったな」

更地になった宮崎の実家の前で出会った男性は事件当時のことを振り返って、そう言った。次から次へと押し掛ける報道陣に静かな町は騒然となったという。

今野真里ちゃんが連れ去られた歩道橋

宮崎はこの山林に真里ちゃんを連れ込み、殺害したのだった

宮崎の父親は眼下の多摩川に飛び込み自殺した

生家からほど近い寺にある宮崎家の墓地

「事件のあと売りに出されたんだけど、誰も買い手がつかなくて、結局人に頼んで管理してもらっているって話だよ。何度か不動産屋が来て、分譲住宅にするとか、話はあったんだけど、やっぱりあんな事件があった場所だから、結局更地のままなんだ。夏になれば川遊びの観光客が来るから、けっこう駐車場はいっぱいになるよ」

私たちの目の前にある更地は、てっきり人手にわたっていたのかと思ったら、土地は未だに宮崎家のものだという。事件を起こす前の宮崎の様子についても聞いてみた。

「あんなことをしでかすとは思わなかったけど、ちょっと変わった子どもだったな。姉と妹はちゃんと道で会えば挨拶をするような子だったけど、勤は挨拶したことなんてなかったな。いつもそっぽ向いてたよ。家の中では爺さんにはえらい懐いていたようだな」

事件を起こす三ヶ月前に亡くなった祖父は、宮崎にとって精神的な支柱でもあった。祖父が亡くなったあと、形見分けに集まった親族を追っ払ったり、祖父の遺骨を食べるなど、異常とも言える愛情を祖父には抱いていた。祖父の死が事件の引き金のひとつになったことは想像に難しくない。織物工場を経営し、町会議員を務めるなど、地元の名士でもあった祖父だが、女癖の悪さは地元でも知られていた。

「お父さんが新聞を出す前は、織物の工場だったんだ。ここに移って来る前は、山の上のお寺の前に住んでいたんだけど、何か金が入ってきたんだろうな。爺さんはここに来て工場を建てたんだよ。女工さんを何人も置いてね。お爺さんは手が早いから、女工さんに手を出して、子どもを生ませちゃったり、方々に女をつくっては、お婆さんとよく揉めてたよ。お婆さんも勝ち気な人だから、黙ってりゃいいものを、近所にうちの爺さんは、また女をつくったなんて吹いて歩くもんだから、有名な話だったんだよ」

勤の祖父は、黒八丈と呼ばれた泥染めの絹織物を織る工場を建てるまで成功したが、艶やかな噂がいつもついてまわった。家の中ではそのことから喧嘩が絶えなかったというが、勤が生まれた頃には、さすがに、女遊びもおさまっていったようだ。その代わりといっては何だが、女遊びが落ち着くと、孫の勤に愛情を注いだのだった。勤が、欲しいと言ったものは何でも買い与えたという。

一九六二年八月二一日に生を受けた宮崎勤は、生まれた時から両手首をまわして手のひらを上に向けられない障害があった。ハンディキャップは、他人との関係において、彼の心の中に内向的な性格を生む要因の一つとなった。両親は、祖父が経営した織物工場をたたみ、『秋川新聞』というタブロイド判の地方新聞を発行し、多忙を極めた。よって勤の世話は、祖父と雇った精神薄弱の男性がしていた。

父親の発行している新聞は、三千部の発行部数があり、常に黒字だったという。ただ、家庭環境は最悪だった。両親の諍いが絶えなかったという。ＰＴＡ会長を務めた父親は、女性関係の噂が立ち、そのことを詰問され母親に殴る蹴るの暴行をしたこともあった。

裁判の証言で、勤が初めて幼女の性器にカメラを向けたのは、事件を遡ること四年前の一九八四年のことだった。既に、問題行動を起こしていたわけだが、決定的な破局に至るのは祖父の死後である。やはり、祖父は大きな支えであったのだ。

勤の逮捕後、父親が発行していた新聞は休刊となり、逮捕から一年後に両親は家を取り壊して、五日市から姿を消した。勤は五人兄弟で姉妹二人と兄弟二人がいた。姉は結婚間近であったが破談となり、妹も専門学校を退学に追い込まれた。兄弟も会社を辞職した。

そして最大の悲劇は逮捕から五年後の一九九四年一一月二一日に訪れる。父親は被害者遺族への慰謝料支払いの目処を立てると、多摩川に架かる神代橋から身を投げたのだった。

宮崎勤の家からほど近い寺に、宮崎家の墓があった。その寺の門前は、織物工場を建てるまで宮崎の一家が暮らしていた土地でもあった。

墓は墓地を入ってすぐの場所にあり、あまり訪れる人もいないのだろう。苔むし、供えられた花も枯れていた。黒い御影石に刻まれた墓誌を見てみると、事件の三ヶ月前に亡くなった祖父、自殺した父の名はあったが、勤の名前は無かった。ただ、墓誌の片隅に無縁一切之霊と刻まれていた。この言葉は、宮崎勤のことであり、彼が殺めた幼女たちのことを意味しているように思えてならなかった。

この言葉を見たとき、宮崎勤の一族は、現世だけでなく、あの世までも、宮崎勤が犯した罪を背負っていくのだなと思った。

三鷹ストーカー殺人事件

池永チャールストーマス／懲役二三年

ジャピーノという出自が
事件の背景にあった

二〇一二年一〇月八日、JR三鷹駅から歩いて五分ほどの場所にある閑静な住宅街の中で、女子高生の鈴木沙彩さんが、元恋人の池永チャールストーマスに殺害されるという事件が起きた。

殺害された沙彩さんは、小学校の時に芸能事務所からスカウトされ、女優として映画にも出演し、海外にも留学するなど、英語にも興味を持っていた。既に盛んに報じられているが、親戚には脚本家の倉本聰、母親は画家の芸術家一家だった。

華のある彼女の一家の経歴が伝えられる一方で、池永は、大阪市内で生まれたが、二歳で父親と生き別れ、その後は母親と妹の三人で京都市内のマンションに暮らしていた。

生まれも育ちも違い、日常ではほとんど交わる可能性がなかった二人が、フェイスブックを通じて二〇一一年の秋頃に巡りあった。現代のネット事情が生み出した二人の恋愛関係は悲劇的な結末を迎えた。

フェイスブック上で池永は、立命館大学の学生と身分を偽り、沙彩さんに近づいたという。池永が沙彩さんと付き合いだした当時の様子を中学と高校時代の同級生のAさんが語ってくれた。

「高校を卒業してから、街で自転車に乗っている彼とばったり会ったんです。そうしたら、嬉しそうに言うんです。やっと彼女ができたよって、その時は一切、他の話はしないで、彼女の話ばかりでしたね。中学で京都に引っ越してきてから、元々お調子者だったんですけど、その時は本当に嬉しそうでした」

沙彩さんは、池永を自宅に招き両親に紹介したり、二人でクリスマスを大阪で過ごしたこともあった。片や、池永はフィリピン人の母親に沙彩さんを会わせていない。母親は写真では沙彩さんを見たことはあるが、直接会ったことはないと写真週刊誌への取材で答えている。

彼はフィリピン人とのハーフにもかかわらず、自らその出自を語ることなく、沙彩さんと知り合ったフェイスブックでも南米とのハーフと称していた。彼の中で、フィリピン人とのハーフ、ジャピーノという事実は、隠すべきものだったのか。

大阪で生まれた彼は、中学校二年生までを大阪で過ごしている。大阪時代の彼の様子は断片的にしか伝わってこないが、外国人のハーフであるという顔立ちから、かなりのイジメにあっていたという話がある。その時のイジメが自分の出自について、コンプレックスを持つ原因になったと推測できるのではないか。

今回の事件は、池永の沙彩さんに対するストーカー殺人という側面がクローズアップされている。確かに彼の沙彩さんに対する執拗なまでのストーキングが今回の事件に繋がっていることは間違いない。ただ一方で、池永のジャピーノという出自や生まれ育った環境というものも事件と結びついていないだろうか。

池永は、高校卒業後自衛隊への希望がかなわず、コンビニでアルバイトの日々を送っていた。立命館大学の学生、南米のハーフと偽り、自己を嘘で塗り固めることによって、虚栄心を満足させた。その中で出会ったのが、女子高生の沙彩さんだった。

池永受刑者が暮らしていたマンション。妹の自転車が置かれていた

人は誰しも己の出自からは逃れられない。私は、彼が育った京都に向かった。

幹線道路沿いに立つ、日本のどこでも見かける都市風景の中に、池永が暮らしていたマンションはあった。マンションの目の前にはドブ川が流れていて、お世辞にも環境が良いとは言えない。

母親が暮らしている部屋を見ると、洗濯物が干してあるわけでもなく、日差しを避けるスダレがかかっているだけで、生活の匂いはなかった。

多くのマスコミが押し掛けたのだろう、関係者以外立ち入り禁止と書かれた紙が貼られたエントランスから中に入ってみた。エレベーターはドアに透明なガラスが入ったもので、ゴーンという鈍い音を立てて、ドアが開いた。私はそのエレベーターを見たとき、今から一〇年以上前、写真週刊誌の専属カメラマンをしていた時、江戸川区の公団住宅で、中国残留日本人の二世らを中心としたストリートギャング「怒羅権」のメンバーを取材した時のことを思い出した。

怒羅権のメンバーが、都内で殺人事件を起こし、メンバーの多くが暮らしている江戸川区の埋め立て地に立つ、団地を訪ねたのだった。殺風景な景色の中にある団地のエレベーターもやはり池永が暮らしていたマンションと同じエレベーターが使われていたのだった。「ガタン」という音がして、エレベーターが止まると、母親が暮らしている部屋へと向かった。ピンポンを押してみると、壊れているのか、まったく音がしなかった。金属のドアをゴンゴンとたたくが、中からはまったく反応がなかった。

「母親は家にいても出て来ないから、捕まえるのは大変だよ」

事件直後、母親のマンションを訪ねた友人の記者は言っていたが、その通りの反応だった。息子が起こした犯罪で、突然時の人となり、いきなり押し掛けて来たマスコミに殻にこもるのは当然のことだろう。

ふとドアから目をそらすと、一台のピンク色の子供用自転車が冬の光を浴びて輝いていた。確か、池永容疑者には幼い妹がいた筈だ。近隣住民の話では、池永は、幼い妹をたいそう可愛がっていたという。事件後、友人へのショートメールでも妹のことをよろしく頼むと伝えていた。乾いた景色の中に、この自転車は寂しげに輝いていた。

「さぁ、こうやって乗るんだよ」

ふと、まだ聞いたことがない、池永の声と幼い妹の笑い声が、聞こえてきた気がした。果たして、幼い妹は兄の起こした今回の事件をどのように受け止めているのだろうか。そして、彼女も兄と同じように、この日本で生きていくことになる。

マンションを後にすると、目の前を流れるドブ川とは別に、コンクリートで護岸を固められた一直線に流れる川が流れていた。その川に掛かる橋の上でしばし立ち止まった。

池永は、ネットの世界を通じ、この橋の向こうに広がる、新たな世界へ向かおうとした。差別の無い理想郷などこの世の中にはどこにも存在しない。己を他人と違うと認識することから、自分探しの旅がはじまる。誰もが日本人になる必要はない。異物が異物として生きられる社会が必要なのだと私は思う。

彼が南米のハーフであるとか、大学生であるとか、無理に背伸びすることなく、生きられる場所が彼の暮らした土地にはなかった。

マンションの目の前を流れる川。橋の向こうに彼の理想とする世界があるはずだった

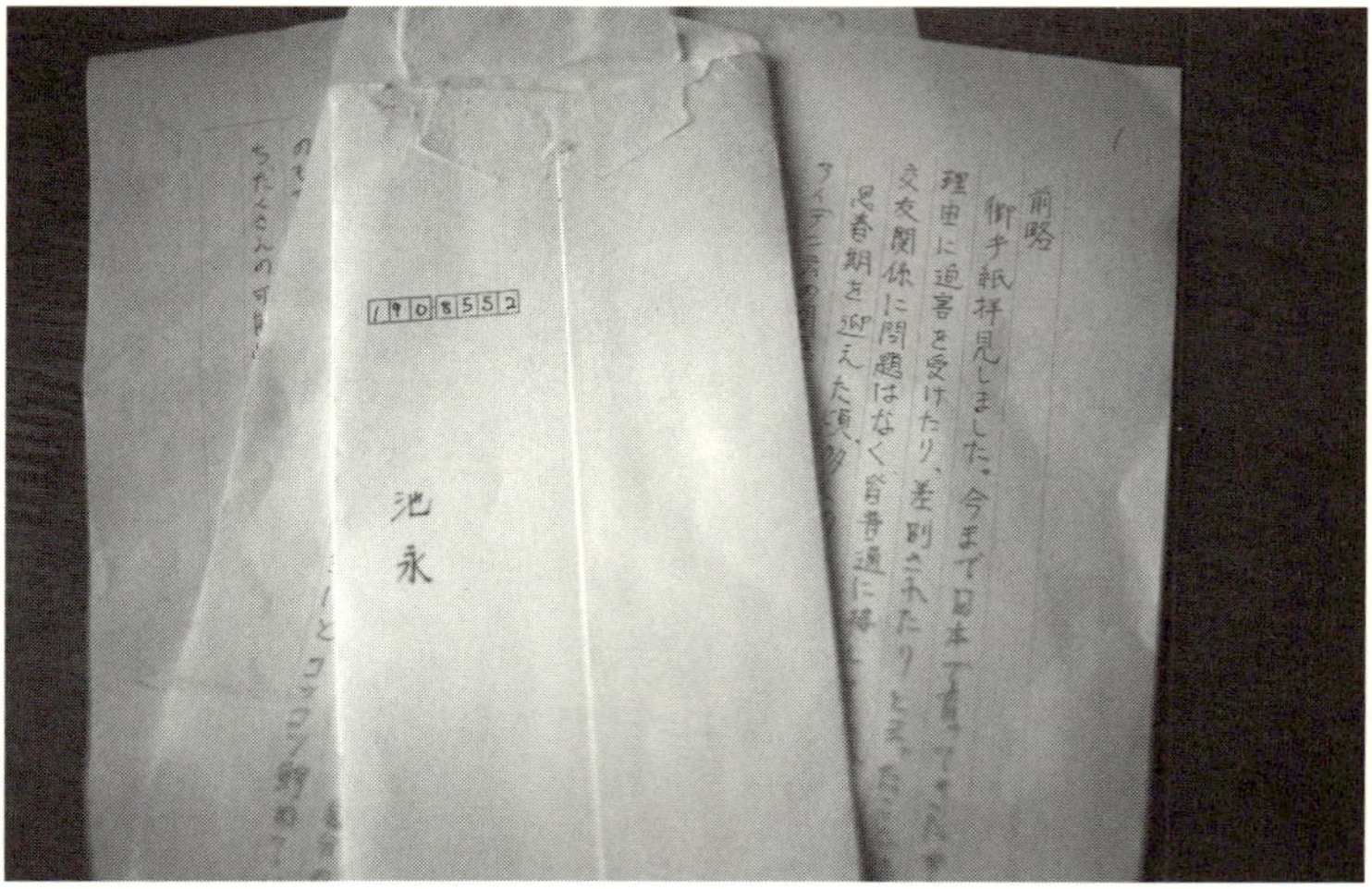

池永受刑者から送られてきた手紙

小平事件
小平義雄／死刑

連続婦女暴行鬼は山裾の集落で旅館を営む家の次男として生まれた

「人を殺して死刑になった小平さんのところの義雄さんか、今も親族は住んでるよ。この部落には小平さんは多いんだ。私ゃぁ直接知らないけれど、亡くなった叔母なんかは一緒に遊んだって話を聞いたな」

観光客で賑わう日光東照宮の門前を過ぎると、車の交通量は減り、緑が深い山々が目の前に迫って来る。日本の近代史に名を刻む足尾銅山と峠を隔てて、山と山に挟まれた細長い谷に小さな集落がある。戦後の日本を揺るがした連続婦女暴行殺人鬼・小平義雄はこの集落で旅館を営む家に生まれた。

二〇一四年初夏、小平義雄の実家を訪ねると、この集落で年月を重ねてきた日本建築の家が旧道から奥まった場所にあった。「こんにちは」と声を掛けると、家の中から「はーい」という若い女性の声がした。玄関の引き戸越しに取材で来たんですがと言うと、何の屈託もなく、「どうぞ」と言った。引き戸を開けると、気持ちの良い木の香りが漂ってきた。広々とした土間は、かつて旅館を経営していた名残だろう。女性は私が、まさかこの家から出た殺人者のことを取材に来たとはまったく思っていないだろう。すんなりと迎え入れてくれた。もしかしたら、彼女は小平義雄のことを知らないのかもしれない、何の警戒心も感じられなかった。集落の歴史を調べているんですと言うと、

「うちは旅館を経営していたと聞いています。この辺りにも昔は何軒も旅館があったみたいです。昔のことは、私はちょっとわからないんですよ。義理の父親なら詳しいんですけどね」

この義理の父親とは、小平の甥っ子に当る筈だ。義理の父親はどこにいるのか尋ねると、近くの畑にいるという。私は最後までにこやかだった女性に礼を言い、小平の実家を後にした。

彼女に言われた畑を訪ねると、初老の男性と女性が畑仕事に勤しんでいた。

「こんにちは小平さん」

と、声を掛けると先ほどの女性とは打って変わって、顔に緊張が走るのが見て取れた。この土地でよそ者が訪ねて来るといえば、一族の汚点を探る者しかいないと感じているのだろう。小平事件のことは生々しい記憶として心に刻み込まれているに違いない。

私は集落の歴史などを聞きながら、いつ小平のことを尋ねようか、タイミングを窺ったが、ついに事件のことに関しては聞く事ができなかった。どこか私を警戒する態度に、あの事件の重さが十分伝わって来て、もういいだろうという気持ちになったのだ。

この集落で一八歳まで過ごした小平は、海軍に志願し、横須賀の色街で初めて女を知る。その後軍艦に乗艦し各地で女を買うようになった。海軍時代には中国の大沽で暴行殺人の萌芽ともいうべき、強姦をやっている。海軍除隊後、二七歳の時に小平は最初の結婚をする。ただ他にも女をつくり妊娠させたことが妻にばれ、結婚して四ヶ月で妻は実家へと逃げ帰った。妻に未練があった小平は妻の実家へ押し掛け、戻って来るように説得するが拒絶されると、深夜に鉄棒を持って忍び込み、妻の父親を殺害し他の家族六人に

小平が生まれ育った集落

小平が愛人と暮らし、死体遺棄した現場から近い長坂峠。幽霊の目撃が少なくないと地元民は言う

都会で食糧を求める女性を言葉巧みに誘っては、栃木出自の山林に連れ込み殺害した

も重傷を負わせ、殺人罪で逮捕され懲役一五年を言い渡され小菅刑務所に収監された。

昭和一五年に恩赦による仮出獄で刑務所を出所すると、その三年後大東亜戦争において日本の敗色が濃くなった昭和一九年前科を隠して再婚する。その前年、小平は最初の暴行殺人を起こす海軍第一衣糧廠に職を得ていた。いよいよ東京への空襲も本格化し出すと、妻を郷里の富山へと疎開させ、小平は衣糧廠に住み込むようになる。

この衣糧廠時代から連続暴行殺人がはじまった。衣糧廠時代の殺人は、小平がその施設で働く女性を口説いたものの断られたことから逆上したことに端を発する。この事件では小平以外の男性に嫌疑がかかり、その隙に衣糧廠を止め、栃木や都内で標的となる女の物色をはじめるのである。最初の暴行殺人で、逮捕されなかったこともあり、強姦した女性を殺してしまえば、事件は露呈しないのではという感情が芽生え、小平は事件を重ねていくようになる。

ちなみに小平が働いていた海軍第一衣糧廠はもともと悟空林という割烹で、戦中は海軍に接収され、戦後は米軍向けの売春施設となった。小平事件の現場から米軍の性欲発散の場へ。性を巡る因縁がついて回るのである。現在その場所を訪ねてみると、マンションが建ち並んでいて、そこに暮らす住民たちは、小平事件も米軍の売春施設だったことも知らないであろう。

戦後食糧難の時代、誰もが一粒の米を必死に掻き集めた時、小平だけは性欲を満たすことに全力を注いだ。彼にとって好都合だったのは、当時芝浦にあった米軍のクリーニング工場に職を得たことだった。その職場で当時絶対的な権力を持っていたＧＨＱの腕章を手に入れ、それを女にちらつかせながら、警察に捕まることなく食糧を融通できることを仄めかしたのだった。

都内の品川や渋谷、池袋などの繁華街で目をつけた女に食糧が手に入ることを囁くと、ＧＨＱの腕章と相まって、女は向こうからついて来て百発百中だったという。彼の好みの女は痩せた女ではなく、肉付きのいい小柄の女だったという。まんまと女を連れ出した小平は、栃木や東京近郊の農村へと連れて行き、人気の無い山の中で、犯したうえに殺害したのだった。

栃木県西方町真名子、二人目の被害者が殺害された土地である。私が訪ねたのは晩夏を過ぎた頃ということもあり、刈り入れを待つ稲がたわわに実っていた。食糧難という言葉はにわかに実感が湧かないが、ひとりの女性が東武鉄道の新栃木駅からバスに乗り、さらに歩いて見知らぬ男について来るという行動からも当時の深刻さが伝わってくる。

殺害現場は長坂峠と呼ばれる、つづら折りの山道が続く昼でもうす暗い陰鬱な場所である。現場近くに暮らす七〇代の男性が当時のことを覚えていた。さらに驚く事に、小平とも会ったことがあるという。

「いい男だったよ。峠の手前に小さな長屋があって、そこに小平の愛人が住んでいてね。当時はまだ自分は小さかったから、てっきり夫婦だと思ってたけどね。坊やなんて声を掛けてくれてさ」

名刑事・平塚八兵衛が小平事件を担当しているが、彼の回顧録を読むと、栃木に東京で不倫関係にあった女性が疎開し、そこを小平が訪ねたことから、足がついたとの記述がある。この男性が見ていたのは、その女性だったのかもしれない。さすがに戦後直後の事なので、男性の勘違いの可能性もあるのではと思い、何度も聞き返すが、やはり小平だという。各所で愛人を作ってきた小平なら、そんな事もあったのかもしれない。

死体が遺棄された現場について尋ねると、興味深い話をしてくれた。

「現場はゴルフ場から近い場所にあるんだけど、昔ゴルフ場を造成する時に、幽霊騒ぎがあってさ、重機の運転手が逃げ出したなんてこともあったよ。現場の峠には、今も夜になると、女の人が立っているなんて話を良く聞くよ。霊感のある人には見えるらしいよ。うちの息子なんかも、あそこの峠通りたくないって言ってるよ」

幽霊とは、小平に殺害された女性に違いないと男性は言った。それにしても事件から七〇年、小平の起こした事件は、今もこの土地にしっかりと記憶されているのだった。

腹を空かせ、その日その日をしのぐために小平に付いていった女性は、さぞかし無念だったことだろう。それ故今も成仏できず、腹を空かせたまま、この渇きを知らない時代を彷徨っている。そして小平自身も人々の記憶の中にまるで生き霊のように生きているのである。

ルーシー・ブラックマン事件

在日朝鮮人が多く暮らした大阪「猪飼野」地区で見た強姦魔のルーツ

織原城二／無期懲役

「このあたりにいたって話を聞いたことがあるけど、はっきりわからんなぁ」

大阪環状線桃谷駅を下りて、三〇分ほどぶらついただろうか、私は織原城二の父親が暮らしていた土地を確認するため、在日朝鮮人が多く暮らす地区を歩いていた。小さな雑貨屋の主人は珍しいことを聞くなというような表情をして、そう言ったのだった。

二〇〇九年、焼肉店が多く建ち並ぶことで知られている鶴橋から近く、かつて猪飼野と呼ばれていたこの付近は、朝鮮半島の人々が豚を飼っていたことから、そう名付けられ、朝鮮半島との結びつきは古代から根強いものがある。織原の父親は、英国タイム誌や各週刊誌の報道により明らかになっているが、朝鮮半島の出身で屑鉄拾いから身を起こし、タクシー、パチンコ、不動産経営などで莫大な資産を築き、大阪の在日社会の中で誰もが知る人物となった。そして、彼が一七歳の時に謎の死を遂げる。マネーロンダリングに絡んで殺害されたとの報道もあるが、真相は闇の中だ。

六本木のナイトクラブで働いていたルーシー・ブラックマンさんへの準強姦致死、死体遺棄、他にも九人の外国人女性への準強姦致死罪などで無期懲役の刑に服している織原は大学時代に日本人に帰化している。ただ私は彼のルーツであり、父親が半島からやって来て、身ひとつで成功をおさめるため、正に血と汗を流しながら働いた原風景を見ておきたかった。

町の中には、ハングルも目につき、老人たちの中には、日本語を流暢に話せない人も少なくなかった。在日朝鮮人の問題となると、どうしても強制連行や慰安婦問題など、政治的な視点で語られることが多い。もちろん日本の占領政策が朝鮮半島に不幸をもたらしたのは言うまでもないが、どんな政府の下にも人それぞれのドラマがあり、日々の糧を得る為に生きていかなければならない。半島の人々の中には日本に行って、ひと旗上げようと考えた人も少なからずいたことだろう。戦後、大阪砲兵工廠に忍びこみ、鉄屑拾いをした人々の生き様を活き活きと描いた開高健の「日本三文オペラ」の中の一節。

「部落の朝鮮人家庭を知れば知るほどフクスケは彼らあるいは彼女らの勤勉さに舌を巻くのがつねであった。なんでも彼らの出身地の済州島は世界一の不毛の地なのだそうで、底の貧乏で鍛えられると、たとえばこのアパッチ部落のごときは極楽の蓮にのっかっているようなものだという見解であった」

おそらく織原の父親も日本人が驚くほどの勤勉さで財を成したのではなかったか、地区の中には、小説の舞台となった現在の大阪城公園にあたるアパッチ部落へと繋がる平野川が流れていた。平野川はかって蛇行していたのだが、主に済州島から来た朝鮮人労働者の護岸工事によって、今のような一直線の川となった。この水路のような川を織原の父親も眺めたことだろう。織原の父親を含めた半島人たちの生き様は、この川のようにまっすぐで単純なものではなかった。

ルーシーブラックマンさんの遺体が発見された神奈川県油壺の現場

織原の実家のある大阪の高級住宅街

桃谷から大阪環状線で天王寺へ、そこから路面電車に乗ると、中学生まで織原被告が暮らした帝塚山の高級住宅街がある。小さな木造家屋が密集していた桃谷周辺とは趣が違う。この街で育った織原被告はあの平野川が流れる町を訪ね見たことがあったのだろうか。実家の表札には織原被告が日本人に帰化する前の姓が掛けてあった。彼が日本人に帰化する時に母親が反対したといわれているが、表札はその事を物語っていた。週刊誌の報道によれば、小学校の卒業時の寄せ書きには、「家柄よりしつけが大事」と書き残している。出自に対する差別があったのだろう、その時の痛みが、日本国籍取得へと向かわせたのではないか。中学卒業と同時に、織原被告は田園調布へと移り住む。親元を離れお手伝いさんと暮らしながら、慶応高校へと通った。

「引っ越して来た当初は、非常に真面目でね。あいさつもきちんとして、静かな子でしたよ」

近所に住む男性が言う。この街で織原は、誰にも差別されることなく静かに暮らし始めた。

戦前の日本を代表する経済人・渋沢栄一の提唱により開発がはじまった田園調布。今では政財界やスポーツ界での成功者が住む街となっている。そこに住めば、日本社会の中で認められた成功者であり、田園調布という聖域に属することによって、己の過去もすべて田園調布という衣で覆い隠すことができる。織原はこの街の住民となり日本人になったことによって、全てを手に入れた。富裕者としての禊をしたのだった。

しかし、父親の死によって手に入れた莫大な遺産によって、少しずつ彼の人生の歯車は狂い出していく。

「プールを造ったりして、何人もの白人の女性を連れ込んで、大声を出しながら遊んだりしだしてね。そのうち外車にも乗るようになって、まるっきり変わっちゃったね」

大学時代から生活が変わり始めたと近所の住民が言った。現在織原が暮らした家は取り壊され、その跡地には一軒の家が建ち、更にもう一軒の家が建築中だった。帝塚山、田園調布、そして外国人女性を連れ込んだ逗子マリーナ。そして数々の外車、傍から見れば人もうらやむような生活を送っていた織原。果たして何が犯罪へと走らせたのか。

心の隙間を埋めるように夜な夜なクラブへ通い白人女性を追い求めた。いくら資産を持とうが、豪邸に住もうが、高級外車を乗り回そうが、織原受刑者は心の隙間を埋めることができず、女性に求めた。果たして織原が抱えていた心の闇はどんなものだったのか、己の出自に関するコンプレックスか、それとも富裕な財産でも満たされぬ果てなき人間の欲望がそうさせたのか、その答えを知る織原は、刑務所で罪と向き合っているのだろうか。

リンゼイ・アン・ホーカー殺害事件

市橋達也／無期懲役

瀟洒な一軒家で生まれた男はいつしか殺人鬼となった

旧街道沿いに落ち着いた日本建築の民家が建ち並ぶ、歴史の重みを感じさせるその雰囲気は、私の心を落ち着かせてくれたが、この街並みからほど近い場所が殺人者の育った場所だと思うと少々複雑な気分になる。旧街道沿いの木造家屋に混じって、ところどころ最近建築された家も建っているのだが、その中の一軒がイギリス人女性リンゼイ・アン・ホーカー殺害事件の市橋達也（当時二八歳）が暮らしていた家である。両親が医師ということもあり、裕福な経済状況にあるのだろう、その家は立派でひと際目立つ。高校時代まで岐阜県羽島市にあるこの町で暮らした市橋は、その後に陰惨な事件を起こすことは誰もが想像できず、明るく闊達に過ごしていたという。

高校卒業後市橋は、医学部を目指して四浪したあと、千葉大学園芸学部に入った。大学時代に漫画喫茶で現金を盗んで現行犯逮捕されたり、同級生へストーカーをするなど、凶悪事件へと繋がる芽ともいうべきものが、萌芽しつつあった。

二〇〇九年、故郷を離れ、事件を犯すまで市橋が暮らした千葉県市川市内にあるマンションへと足を運んだ。付近は一戸建ての住宅やマンションが建ち並ぶ都心のベットタウンとも言うべき町だった。私が訪

リンゼイさんが殺害された千葉県市川市のマンション

趣きある木造建築が多い町で市橋は生まれ育った

ねた時間が午後七時ということもあり、マンションには明かりが灯っている部屋が多かった。その中にカーテンもなく、まったく人気のない真っ暗な部屋が目についた。市橋が事件を起こした部屋である。リンゼイさんの死体が放置されたベランダには何も置かれていなかった。どこか不気味さを感じさせる部屋からは、リンゼイさんの無念さが今でもひしひしと伝わってくるのだった。

リンゼイさんが個人レッスンのため市橋のマンションを訪ね、殺害された翌日、捜査員がすぐに市橋のマンションを訪ねるが、市橋は捜査員を振り切り二年七ヶ月に及ぶ逃亡生活がはじまったのだった。

この逃亡生活を見た時に、昔から犯罪者たちが隠れた西成が今でも市橋の逃亡を支えたということが興味深かった。そもそも市橋自身が裕福な家庭で育ち、親のスネをかじりながら生活をしていた。どこで犯罪者の古典的な隠れ家というべき西成の存在を知り、潜伏しようと思い立ったのだろうか。

真冬の西成、段ボールにくるまり寝る男たちの姿もあるが、あまりの寒さに寝付けないのだろうか、当ても無く歩き続けている男たちの姿も目についた。自動販売機には一本、六〇円の文字も見えた。私も市橋が潜伏したであろう一軒のドヤに泊まった。一泊一五〇〇円。その値段の安さで最近では外国人のバックパッカーも多いという。ここでも市橋はナンパを試みていたという報道もある。

翌朝、早々にドヤを後にすると、働き手を探している建設会社のワゴン車が何台も止まっていた。ワゴン車の横に立っていた手配師の男が言う。

「最盛期は二万人の労働者がいたけど、今じゃ三千人ぐらいじゃないかな、住んでいるのはほとんど年金暮らしか生活保護だよ。NPOが二万円だけ渡して、一〇万円は懐に入れて、部屋をあてがう。東京から

ドヤ街の西成で市橋は仕事を見つけ、長期間に渡って逃亡生活を続けた

沖縄に潜伏しようとしていた市橋が逮捕された大阪南港のフェリーターミナル

もどんどん人がきてるで、西成に来たら金が出ると言って、こんな状況だから誰もバカらしくて働かなくなるよ」

日雇い労働者が西成にいたことにより、市橋はその人々の中にまぎれ込んだ。さらに手配師たちに話を聞いていくと、市橋を連れていった男に話を聞くことができた。

「俺が連れてって、俺がずーっと面倒見て来たんや」

そう語る男はどこか懐かし気に語り出した。

「最初からおかしいなっていうのは、わかってたんや。わしらも何年もこの仕事をやっているからな。人から隠れるようにしてから、何か悪いことしてきたんだろうなぁって。毎日現場にも連れてって、おとなしくてよう仕事もするから、ボーリングにもわしが無理矢理連れて行ったんや。それしてもうちらにしたら大概やったでぇ、取引先にもどんどん取材が行って、現場が困るからって、取引やめるって言われて。大損害や」

建設会社で働いていた当時、西成に隣接する一大風俗街・飛田に通っていたという報道もあるが、その点に関しても男性は言う。

「休みの時はよく行ってたみたいやでぇ。沖縄出身の男と仲が良くて、そいつには良く話していたみたいやぁ」

ちなみにこの建設会社は、市橋が整形手術前に潜伏していたことを警察に連絡していたにもかかわらず、一切の報奨金を受け取らないどころか、取引先にマスコミが殺到したことにより、取引を打ち切られるなど正しく大被害を被っている。

名古屋の整形外科で鼻や目の手術をしたことが発覚し、一気に追いつめられた市橋は、二〇〇九年一一月十〇日大阪南港フェリーターミナルで那覇行きのフェリーを待っているところを通報される。ターミナルの売店で働く、女性従業員が言う。

「何も暴れることなく静かに出て行ったってよ。その日は沖縄行きのフェリーは波が高くて、定時に出なかったのよ。それと何でか知らんけど、防犯カメラの前にずっと座っていたのよ」

私が南港ターミナルを訪ねた時、待合室は改修中で市橋が座っていたベンチは無くなっていた。ただベンチがあった場所の前には防犯カメラが未だに据え付けられていた。

果たして逃亡の疲れから、防犯カメラに気がつかず寝入ってしまったのか、それとも既に逮捕を覚悟して、警察が来ることを待ち続けていたのか。捜査員の「市橋か？」の言葉に市橋は自宅マンション前から裸足で逃走した時とは打って変わり、静かに頷いた。こうして市橋の逃亡劇は静かに幕を下ろしたのだった。

市橋の逃亡生活を見てみると、他者との交わりを断ち、海外逃亡を試みたりと何とか逮捕から逃れ、己を守ろうという自己防衛本能だけが目立つ。彼の足跡を辿った者として、何とも言えぬ虚しさだけが心の中に残っている。

大久保清事件

大久保清／死刑

連続して八人の女性を殺害、うち四人は自宅から見える造成地で殺害し埋めた

今から五〇年ほど前、北関東を舞台に連続強姦殺人という未曾有の事件を起こし死刑となった大久保清（当時三六歳）。私は彼の生家跡にいた。二階建ての日本家屋だったという生家の場所は、おぞましい記憶を洗い去るかのようにＪＡの建物と駐車場になっている。

一九七一年（昭和四六年）三月二日、強姦事件の服役を終え、府中刑務所を出所した大久保は、この場所へと戻って来た。三月一二日に当時の最新車マツダロータリークーペを仕事の為に必要だと、両親に買ってもらい、一九日に失効していた免許が再交付されると、水を得た魚のように女に声を掛け、ガールハントを開始するのである。声を掛けた女の数は日に二〇人以上、一日にタクシー並の二〇〇キロ近く走行した。大久保が声を掛けたのは一〇代から二〇代前半の女。若い女に限定していたと本人は供述している。肉体関係を持った女の数は、正確な数は不明だが二〇人近くに及び、そのうち八人の女が殺されたのだった。女が殺害された理由は、大久保が前科者であると知ってしまった者や、父親が警察や検事だなどと口走った女たちだった。従順に大久保に従った女は、特に危害を加えることなく、送り返している。

大久保の犯罪をざっと振り返ってみると、その萌芽は小学校の頃に遡る。五年生の時に、近所の幼児を畑の中で犯そうとしたが果たせず、泣きわめいた幼児の性器に石を詰めたことが記録に残る最初の事件である。このことは、近所でも大問題となったが、大久保の母キヌは、ひたすら清は悪くないとかばい続けた。

「清はその事件だけじゃなくて、近くの河原で、ちょっかい出そうと女の子を追いかけ回したり、とにかく女の子に悪戯ばかりしている子だったよ」

大久保の生家そばに暮らす女性が言った。事件が起きたのは昭和二〇年のことだった。その事件後、近所では清には気をつけろが合い言葉になっていったが、気をつけなければいけないのは清だけではなかったという。

「清のお父さんっていうのも、いやらしい男だったんだよ。近所の女の人が清のお母さんと茶飲み話をしていると、一緒にコタツに入っている清のお父さんがコタツの中で手を出してきてね。昔は、息子の嫁が風呂に入った父親の背中を流すのが、習慣だったから、その時に、息子の嫁さんたちに手を出したとか、子どもたちの前で、気にしないでスモウを取っちゃったりしたみたいだよ」

スモウとはセックスを意味するこの地方の方言である。清の父親の性に対する滅茶苦茶さが女性の言葉から十分に伝わってきた。清は幼い頃から、そんな父親の姿を目に焼き付けて育ってきた。大久保は六人兄弟なのだが、ひとまわり上の兄幸吉は警察への供述の中で、安中市内にある寺に墓参りに行った帰りに、父親は幸吉の嫁を桑畑の中に連れ込み、犯したと証言している。

一方で母親は清を叱ることはなく、大久保が幼児を犯そうとした時もかばったほどであるから、大久保は我慢をすることを知らず、自由奔放に育てられた。

「小さい頃の清は目がくりっとして、可愛い顔して、外人みたいな顔をしていたよ。お母さんがロシア人とのハーフだったからそれを受け継いだんだろうね」

大久保家の子どもたちは、誰もが目がぱっちりとして、どこか日本人離れした顔つきをしていたという。その理由は母親の出自に関係がある。祖母トメは若い頃に大久保の生家からほど近い安中の宿場で芸者をしていて、その時にロシア人との間に子どもができたのだが、それが大久保の母キヌだった。大久保の祖母は、群馬県藤岡市内で乙種料理店と呼ばれた娼婦を置いていた料理店の主、西川健作と結婚。大久保の母は養子として、大久保家に引き取られたのだった。大久保の母が大久保家の養子となったのは、結婚前に祖母が大久保の祖父にあたる人物と愛人関係にあったことが理由である。キヌが嫁ぐ際に連れ子がいては、何かと不都合だろうということで、大久保の祖父がキヌを養子にしたのだという。

藤岡市内に嫁いだトメは料理店の女将として、店を切り盛りしていたが、夫の健作に先立たれると、娘であるキヌを頼った。トメと健作の間には二人の息子がいたのだが、二人とも蒸発してしまって、トメの面倒を見られるのはキヌしかいなかった。しかし、頼ってきたトメをキヌは冷たくあしらい、トメは大久保家に留まることはできず、東京の三畳一間の木賃宿で餓死した。

母親キヌは清には一心に愛を注いだが、他の人にはたとえ実の母であっても、冷たい人であった。

女に見境の無い父、息子へ愛情を注ぐが実の母親は見殺してしまう冷酷さを持つ母、あまりにいびつな家族環境の中で生まれてきたのが大久保だった。大久保が生まれ育った火宅の家は、ＪＲ群馬八幡駅から延びる通り沿いにあった。

大久保は、連続して八人の女性を殺しているが、そのうち四人は自宅から見える範囲の造成地で殺害し埋めた。そのことを不気味がった刑事が取り調べの中で、大久保に殺めた女性の遺体が生活圏にあることに不安じゃなかったかと尋ねているが、大久保はその質問の意味を汲み取れず答えている。

「誰かが掘り返して死体が見つからないか不安だった」

死体遺棄現場を今訪ねてみると、空き地や工場の敷地となっていて、どこか殺風景な景色の中にある。その景色は乾いた大久保の心の中のような印象を受けた。警察での取り調べの中で、大久保は女性を殺害したあと、不安で眠れなかったと言っているが、その言葉と裏腹に、母親が用意してくれていた夕食を平然と平らげた。

人間離れした感情の一方で、大久保は一人目の強姦殺人を犯した二日後の四月二日、祖母の墓参りをしている。東京で餓死した祖母は、夫の一族が眠る墓地に埋葬されていて、そこを大久保が訪ねた。大久保はその理由をこう供述している。

〝そこで私は墓に向かって人殺しをやる許しを請いました。墓は返事をしてくれませんが、自分の気持ちとしては決心がついたのです。墓参りを済ませてから七人の若い女性を殺したのです〟

己の罪を悔いたのかと思いきや、墓前で犯行を宣言していた。この墓参りの後、一ヶ月ちょっとの間で七人の女に手をかけていく。

大久保清の生家は建て壊され痕跡はない

祖母は埼玉県の鬼石で私娼を置いた店を経営していた

群馬県内、大久保が女性を殺害した現場

大久保家の墓があったという墓地。死刑後、清は別の墓地に葬られたという

大久保はガールハントをする際に、ベレー帽に、ロシアの民族衣装ルパシカを着て出没した。ロシアの民族衣装を着るという行為には、見たことの無い祖父への思いがあったのではないか。警察での取り調べにおいても「ありがとう」などの簡単なロシア語を話したという。

大久保の行いは常に大きな矛盾をはらんでいる。女の前で紳士的な態度を見せたかと思えば、殺人鬼に変貌し、故人の冥福を祈る場で殺人を宣言する。大きく分裂し捕らえ所の無い人間性が、私たちに得も言えぬ不気味さを印象づける。

大久保は一九七一年（昭和四六年）五月一四日に被害者女性の兄が指揮する私設捜索隊によって捕縛された。その際も助手席には若い女性が乗っていた。女性が車を下りる際、封筒に千円札を入れ手渡しし、こう声を掛けた。

「危ないからタクシーに乗って帰りなさい」

どこまで女を犯し、殺すつもりだったのだろうか。その心の闇は果てしなく深い。

未解決

東電ＯＬ殺人事件

エリート女性会社員の遺体は
古ぼけた木造アパートの一室で
発見された

女性が何者かに殺害されたアパートの一室。彼女は、昼は会社員、夜は娼婦という二重生活をしていた

一九九七年三月、渋谷区円山町にある時代に取り残されたような木造の古ぼけたアパートの一室からひとりの女性の遺体が発見された。遺体には首を絞められたような跡があり、その部屋で殺害されたのだった。

アパートは京王電鉄井の頭線駅前にあって、人通りが途切れることはない。アパートは、玄関を開けると、台所、その奥に和室が二部屋並んでいる。彼女は、台所に隣接した部屋で発見された。

その女性は東京電力の会社員だった。なぜそんなところで、彼女は遺体となって発見されたのか。

彼女は、会社員と娼婦という二つの顔を持っていて、円山町界隈で交渉がまとまった男と、この部屋へ足を運び、何らかのトラブルに巻き込まれ殺害されたのだった。

大手企業のエリート会社員が、娼婦として体を売っていたという事実は世間に衝撃を与えた。この事件の容疑者として逮捕されたのが、ネパール人のゴビンダ・プラサド・マイナリーさんだった。

裁判は一審無罪、控訴審無期懲役、最高裁では上告が棄却され、有罪が確定したが、一貫して無実を主張してきたゴビンダさんの再審請求が認められ、二〇一二年に無罪判決が下されたことを記憶している読者も多いことだろう。

裁判で、被害者の膣内から発見された体液が、ゴビンダさんのものではなく、第三者のものであるということがＤＮＡ鑑定によって明らかとなり、無罪が言い渡された決定的な理由となった。部屋に残されていた陰毛や被害者の爪からも、膣内に残されていた体液と同じＤＮＡの皮膚片が発見され、真犯人は被害女性の体内に体液を残した男ということが明白となった。

果たして、被害女性を殺した真犯人はどこに潜んでいるのか。

この事件で、犯人と結びつくのは、体液以外に巣鴨で見つかった被害女性の定期券だ。巣鴨は被害女性の通勤経路から外れていて、まったく土地勘の無い場所だ。彼女の定期券が発見されたのは、殺害されてから四日後の三月一二日の午前中のことで、とある民家の庭先に落ちていた。

巣鴨にある定期が発見された民家は、土地勘のある人物でなければ、来ることはない細い路地の奥にある。発見者の女性が貴重な証言をしてくれた。

「朝、花に水やりをしていたら、壁際に、黒い定期入れが落ちていたんだよ。名前を見たらカタカナでワタナべと書いてあったんだ。近所にワタナべなんて名前の人はいないから、警察に届けたんだよね。水やりは毎日の日課でね。前の日は定期券なんてなかったよ。酔っ払いが間違って捨てていったんじゃないかと思っていたら、まさかこんな大きな事件に関係あるとは思わなかったよ」

この界隈に当時住んでいた人物か、もしくは友人、知人が住んでいた人物が捨てたということが考えられないか。

地元の住民に話を聞いてみると、事件後、警察がこの界隈で聞き込みなどをした形跡はないという。

警察にしてみれば、定期券を持った人物の存在は、ゴビンダ犯人説を崩す邪魔でしかなかった。当時、この付近を徹底的に捜査していれば、定期券に関連ある人物を見つけることができたのではないか。

ちなみに、定期券が発見された場所の周辺には、一九九七年当時、イラン人やバングラデシュ人などが多く暮らしていた。特にイラン人は、違法テレフォンカードを販売したり、不法滞在をしながら暮らしている者も少なくなかった。

アパートは神泉駅前にあって人通りが絶えない。この部屋に被害者は私娼として客を連れ込んでいた

被害とはまったく土地勘のない巣鴨で女性の定期券は発見された。発見場所は路地右側の壁の向こう、民家の庭だった

「当時は、ちょっと夜になると物騒なところはあったね。イラン人が店を閉めたあとの夜中に酒を売ってくれって来たんだけど、売らなかったら、自動販売機を壊されたなんてこともあったな」

今も定期券が発見された現場周辺で酒屋を経営する男性が言う。そうした話がこの事件と結びつくわけではないが、何らかの事件の温床となり得る空気が、この町の周辺には間違いなく漂っていた。

現在、ネパールの首都カトマンズで暮らしているゴビンダさんは家族と水入らずの生活を続けている。

ゴビンダさんが、日本に旅立ったのは、事件を遡ること三年前の一九九四年のことだった。

その当時乳飲み子だった娘さんは、すでに結婚し、ネパールから海外に嫁いでいる。

二〇〇〇年に初めて来日したゴビンダさんは、写真を見る限り、心労から解き放たれ、日本に滞在していた時と比べ、ふっくらとし、健康的な表情をしている。

彼らは冤罪の被害者として失ってしまった時を、日々懸命に取り返している。

一度は地獄を見て、そこから抜けだすことができたゴビンダさん。その一方で、事件の被害者である女性会社員の魂は、真犯人が捕まらない限り救われることはない。

果たして、真犯人はどこに消えたのだろうか。

警察は、今も犯人逮捕のため捜索を続けている。

私は、日本に暮らして三〇年以上、日本語も堪能なネパール人の男性から思わぬ話を聞いた。

彼は、ゴビンダさんが逮捕されてから無罪判決が下されるまで、一五年以上にわたって、ゴビンダさんの家族が来日した際のサポートを続け、ネパールから政府要人が来た際には通訳などもしている。

「ゴビンダさんに無罪判決が出てから、半年ぐらいしてからですかね。突然警察の人が家を訪ねて来たんです。何のことかと思うじゃないですか。そうしたら、ゴビンダさんの事件のことで犯人を探しているから、協力してくれと言うんです。そのことなら断る理由はありませんから、近所の喫茶店に移動したんです」

「どんな内容だったんですか？」

「刑事さんはまだ三〇代ぐらいの若い人でした。事件の時は、警察官をやっていないですよ。その人が私に見せたのはマークしているという人間のリストでした。そのリストは四枚ぐらいの紙に名前が書いてあったんです。それらはすべてネパール人の名前でした」

「警察はまだネパール人を犯人だと思っているんですか？」

「そうなんですよ。中には私の友人の名前もあったんです。そのことを友人に伝えたら、当然ですけどまったく身に覚えがないので、びっくりしていましたよ。そのリストを見た時、あれだけの間違いをして、ひとりだけでなく、多くの人間の人生を狂わせたのにまだ警察はネパール人を疑っているのかと、怒りというより、哀しみがこみ上げてきました」

「なんで警察は疑っているんですかね？」

「こっちが知りたいぐらいですが、女性が殺された部屋は、一時期ネパール人が借りようとしていたことがありましたからね。そのネットワークの中に犯人がいると思っているんじゃないでしょうか。私のところだけじゃなくて、被害者の定期券が見つかった巣鴨のあたりに暮らしているネパール人のところにも聞き込みに来ているそうですよ。日本は好きな国なんですけど、警察のやっていることは理解に苦しみますね」

女性会社員が殺害されてから二〇年以上が過ぎ、事件解決の糸口はまったく見えない。

迷惑なのは、迷走する警察の捜査によりあらぬ疑いをかけられているネパール人たちである。

第四章

因縁

永山則夫連続射殺事件

永山則夫／死刑

マーケットに暮らした永山の一家は
貧しさに喘いでいた

永山が幼少期を過ごしたマーケットと呼ばれた集合住宅と同じ様式の建物が板柳に残っていた

雨が降っていたと思ったら、雲間から陽が射してきた。しばらくするとまた雨。先ほどまで見えていた岩木山が雷雲に隠れた。奇妙な天候の中、私は永山則夫が育った青森県板柳を訪ねた。思えば、生まれ故郷の網走を訪ねた時も、七月にもかかわらず小雨まじりの天候の中、長袖のシャツを着ても寒さを覚え、コートが必要なぐらいだった。まるで永山則夫が空の上から私の取材を邪魔しているかのような気分になった。

永山則夫は一九六八年の一〇月から一一月にかけて、ピストルで四人を射殺し、翌年に逮捕された。その後、刑務所では自身の半生を振り返る小説を執筆するなど、極貧だった少年時代が事件の背景にあったと訴えた。

JR板柳駅から歩いて数分の場所に永山則夫が暮らしていたマーケットと呼ばれる長屋があるはずだった。地図を頼りにマーケットの場所を探すが、それらしき建物は見当たらなかった。近隣の住民にマーケットについて尋ねると、数年前に壊されたとの答えが返ってきた。何度か持ち主が変わり、今では駐車場になっているという。

「何にも無い街だから壊さないでぇ、永山則夫が生まれた場所って、残しときゃよかったんだよ。太宰治ばっかり注目されるけど、太宰だって心中に失敗してたら、永山と同じ人殺しだったんだからさぁ」

板柳で商店を経営する初老の男性の発言は単なる冗談でも無さそうだ。町の商店街は寂れる一方で、若者たちに都会に出たきり帰って来ない。町を活性化するには毒をも利用すべきだというのだ。

マーケット近くに住む男性は、永山則夫の兄と同級生で永山一家のことを覚えていた。

「当時はどこの家も貧乏だったけど、特に永山の所は貧乏だったよ。学生服もテカテカで、その日のメシにも困っていたんじゃないかなぁ。そんでも兄貴は明るい奴でね。皆を笑わせるタイプだったよ。野球のキャッチャーが上手くてな。則夫は兄貴と違って、暗いタイプで友だちもいなかったから、いつも一人でいたよ」

永山則夫には三人の兄、二人の姉、妹一人がいた。男性の言う兄貴とは三兄のことだ。同じ境遇にありながら対照的な兄弟。何が彼を陰気な青年へさせたのか。同じ環境で育っても年齢や兄弟の力関係によって見えてくる景色は違い人格は変わる。

永山一家の極貧生活の原因は、リンゴの剪定職人だった父親が腕を見込まれ網走に呼ばれ、そこで博打に狂ったことにある。生家のあった網走市呼人に足を運ぶと、生家は既に無くなっていたが、則夫一家の記憶はまだ人々の中に残っていた。

「うちの父親が則夫の父親を板柳から呼んで来たんですよ。腕のいい職人でね。随分助かったよ。ただリンゴ栽培が軌道に乗り出すと、村の人々も最初は永山さん、永山さんって声を掛けていたのに、あんまり相手にしなくなってしまった。ちょっと気の毒だったな。博打に勝つと、金時計をくれたり、気の良いところがあったんですよ」

永山則夫が生まれて数年後両親は離婚し、父親は蒸発し、永山則夫が中学生の時に岐阜県で野垂れ死にする。母親と則夫の兄弟は母の故郷である青森に戻る。一家はマーケットで暮らし、母親は魚の行商をしながら子どもたちを育てた。

マーケットと同じ建物の内部。間取りは当時のままだ

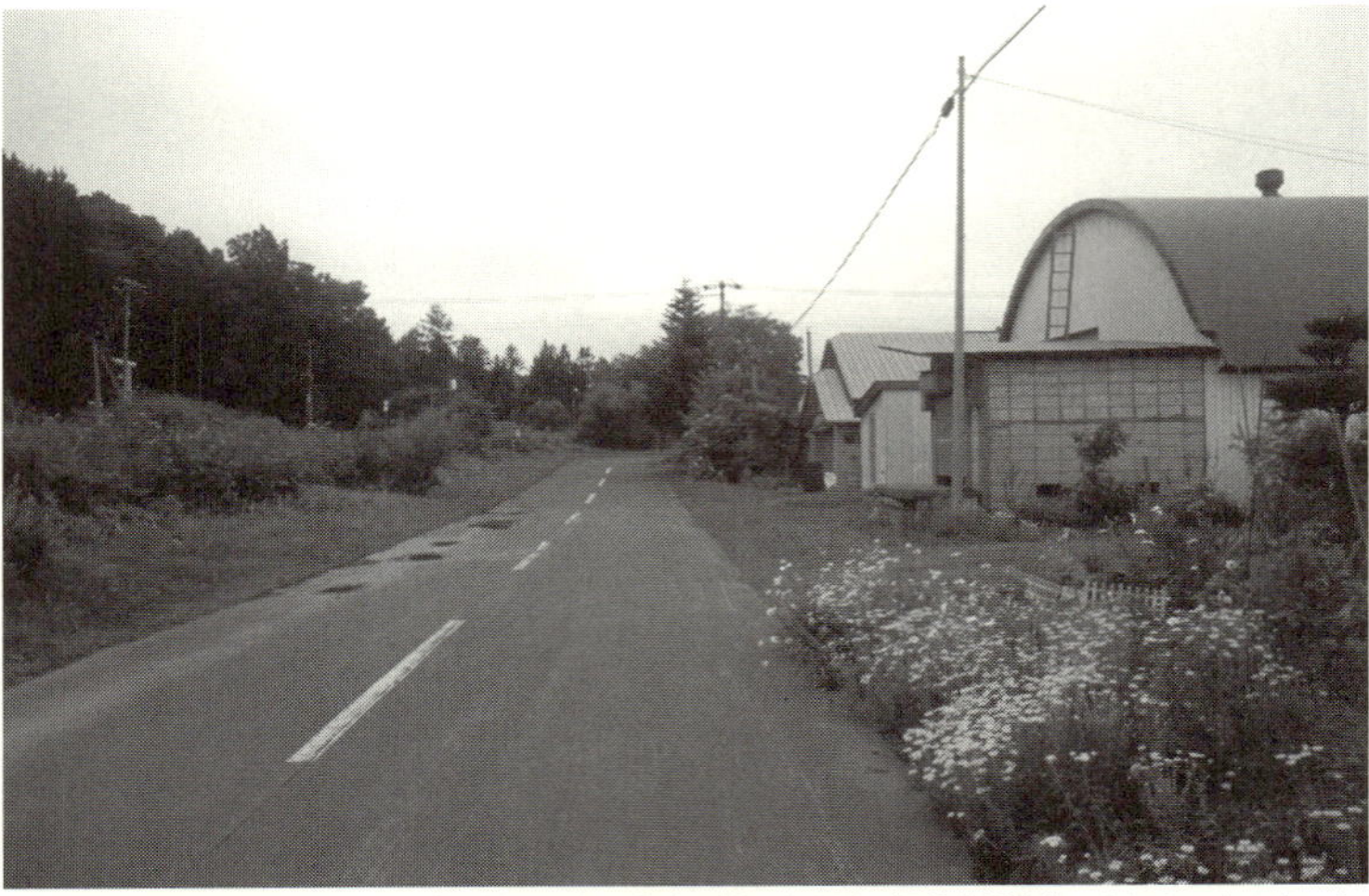

父親が蒸発した網走。永山は漁港で拾った魚で空腹を満たすなど、極貧生活を強いられた。家のあった場所は空き地となっていた

一家の貧困生活の象徴とも言うべきマーケットは無くなってしまったが、取材を進めていくと、マーケットと同じ造りの長屋が町の中に残っていると、住民の証言でわかった。言われた場所へ足を運ぶと、古ぼけた二階建ての木造家屋があった。長屋から一〇メートルほど離れた場所には二つのトイレ。長屋の中にはトイレが無いのだ。外観にカメラを向けていると、二階の窓から老婆が顔を出した。

カメラを肩にかけ私が近づくと、「何してんの？　悪い仕事じゃないだろうね」と老婆が言った。一瞬何と答えようかと戸惑う。

「悪い仕事じゃないですよ。古い家の写真を撮っているんです」

取り繕いながら私は答えた。外観だけでなく、室内の写真もどうしても撮りたいと思った。この長屋だけが、永山則夫が育った時代の空気をそのまま残していたのだ。

その日は、長屋を後にして、翌日改めて訪ねた。長屋の外から「こんにちは」と声をかけると、「何ですか？」と昨日の老婆の声がした。私はガラス戸に手を掛けると、鍵が掛かっていなかった。「ガラガラッ」という懐かしい音とともに戸をスライドさせると、ドアの向こうでは老婆が驚いた表情で私を見ていた。

「何かね？」

突然現れた不審者である私に老婆は改めて困惑した表情で尋ねてきた。私は笑みを浮かべながら、名刺を渡した。すると少しは警戒心を解いてくれたのか、私を部屋に招いてくれて、間を置いてから老婆は少しずつ話してくれた。

「息子は五人いてね。みんな出稼ぎに行って帰って来ないよ。ここには一七年住んでるよ。三年前まで店をやっていたけど、今はやめて一人で住んでるんだ」

年齢は八〇歳になるという。老婆の姿を見ていると、事件後も一人マーケットで暮らし、今から一〇年ほど前に亡くなったという永山の母親とだぶって見えた。永山の母親も則夫が事件を起こさなければ、このように静かに長屋で暮らしたことだろう。

永山則夫の母親は亡くなる数年前に、老人ホームに入り、最後はマーケットに戻ることなく息を引き取った。老人ホームに時おり髪を切りに行っていた理容師の話では、彼の姿を見かけると、母親はにこりと微笑んだと言う。

老婆と話しながら、四畳半ほどの長屋の一室に目をやると、ちゃぶ台の向こうに液晶テレビが見えた。かつてこの小さな空間に則夫一家のような大家族が暮らした時代があった。正しく長屋が生きていた時代である。もはや、老人たちが余生を送る終の棲み家となっているこの長屋から永山則夫は生まれることはないだろう。この長屋だけでなくこの板柳の町のどこにもテカテカの学生服を着た少年の姿は無い。

ひとつの時代が終わったのだ。長屋を後にすると、先ほどまでの晴れ間とは打って変わって、いきなり叩きつけるような大粒の雨が降り出した。

秋葉原通り魔事件

加藤智大／死刑

「無敵の人」は四〇年の時を経て永山則夫と同郷で生まれた。事件の背景は時代によって変わる

「貧しさがいけなかった」

一九六八年から六九年にかけて四人を殺害した永山則夫は事件を起こした原因を問われ、そう答えた。高度経済成長期に差し掛かっていた当時の日本には、人々の生活の中に明るい兆しが見えはじめてはいたが、まだまだ貧富の差は目に見えてあり、永山は少年時代から漁港に捨てられた小魚を拾って食べるなどしていた。事件には、個人の性格が事件に起因していることは勿論だが、生活環境の悲惨さも関係していたことは否定できない。

そんな永山と同郷である秋葉原連続無差別殺傷事件を起こした加藤智大、永山の事件から四〇年以上が経ち、漁港の魚を拾って食事にするような少年の姿はほぼ見られなくなった今日の日本。経済的な豊かさは日本中に行き渡っている。それでも犯罪は無くなることはなく、むしろ陰湿化している。加藤の起こした事件には、永山則夫の事件のような明確な背景が見えてこない。私は心の中にもやもやとした気持ちを抱きながら、青森市内にある加藤被告の実家周辺を歩いてみた。

青森市内の閑静な住宅街の中にある加藤の実家は大通りに面し、すぐ側を八甲田山から青森湾に注ぐ川

加藤が生まれ育った青森の実家付近。貧困とは無縁の景色が広がっていた

事件直前まで住んでいたマンション。ここから秋葉原へ向かった

が流れている。かつて訪れた永山則夫が暮らしていた長屋とは大違いの住環境である。銀行員の両親と暮らし、県下有数の進学校に通い、加藤も両親もすべてが順調に日々の生活を営んでいた筈だった。

「何であんな事件を起こしちまったんだろうね」

畑仕事をしていた近所の老婆がため息交じりで言った。以前は畑が広がる農村地帯で福田村と呼ばれたこの地区が宅地開発され、加藤の一家が引っ越して来てから、傍目には何の問題も無い一家に見えていた。しかし、加藤には日々満たされた生活であった故に、一つの歯車が狂いだすと、世の中に対する鬱屈した気持ちが折り重なるように心の中に堆積していった。

高校入学後、成績が下降線を辿った加藤は大学進学を諦め、自動車に興味を持っていたこともあり岐阜県内にある自動車整備を学ぶ短大に進学する。短大卒業後に仙台市内で警備員、茨城県内で自動車工場など非正規の仕事を転々とする。事件を起こす直前まで働いていたのもトヨタ自動車の製造工場の期間工だった。東名高速を都心から車で二時間ほどで富士山を真近に眺めることができる裾野インターに着く。私が訪ねた日も雪をかぶった富士山がきれいに見えた。裾野インターを降りて数分で加藤が働いていた工場が見えてくる。この工場では大衆車から最高級車まで様々な車種の車が作られているが、最高級車が作られるラインは、資格を持った者だけが受け持ち、加藤被告のような期間工は大衆車を作るラインを任されていただろうと、以前この工場で働いていた男性が言う。

工場内における目に見える格差も加藤の心の中に暗い影を落としていたのではないか。工場から更に車

加藤がトラックで突っ込んだ交差点

を一〇分ほど走らせると、加藤が暮らしていたマンションがある。派遣会社が借り上げていて、そのマンションから日々工場へと通った。加藤が暮らしていた部屋には、既に他の期間工が入居しているのだろう。郵便ポストには、宅配ピザのチラシが挟まれ、部屋の電気のメーターがゆっくりと回っていた。加藤被告の部屋のある廊下からは工場と同じように富士山がきれいに見えた。マンションの付近には、畑も広がりその中に一軒家が建っている。雄大な富士の眺めも、日々の生活に不満を募らせていた加藤にはまったく目に入らなかったことだろう。日々車を作り続ける単調な労働、どの部屋も画一的な造りのマンション、ひとりの労働者がいなくなっても、常にどこからか人を補充して、工場は稼働を続け、このマンションにも常に労働者がやって来て、皆同じような日々を送る。まさしく、加藤と同郷のルポライター鎌田慧が記した『自動車絶望工場』と同じ世界が今も存在し続けている。

鎌田慧は日々の労働の中から秀逸なルポを編み上げたが、加藤は更なる絶望の深みの中へと沈んでしまった。すべての責任は己の行動から発しているのだが、彼は工場の歯車でしかない自分の姿に対して、不満を募らせ続けていた。

加藤は時に、期間工の友人たちを伴って事件を起こした秋葉原へと足を運んだこともあったという。その時は得意気にメイドカフェなどを案内したという。加藤にとって、非日常的ともいえるメイドカフェの空間は、彼にとって重い日常を忘れさせてくれる唯一の場所だったのかもしれない。気軽に踏み込める空間であった秋葉原、それ故に事件を起こす場所は、新宿でも渋谷でも池袋でもなかった。工場を辞め事件を起こそうと決意した時、彼は己にかかわる全てのものを壊したかったのだと思う。何をやってもうまくいかないことへの憂さを晴らす。好きな場所であった秋葉原をも己の中で破壊することによって、すべてをリセットすることができるのはないかと考えたのではないか。それゆえに彼は秋葉原の歩行者天国へとトラックで突っ込んだ。あの日、彼がトラックで突っ込んだ交差点に足を運ぶと、事件の被害者を弔う花束が未だに置かれていた。

裾野市を後にして、あの日トラックで秋葉原へと向かった東名高速を私も走っていた。どんな思いでハンドルを握りしめていたのか、途中で思いとどまるという選択肢はなかったのか、あの日もくっきりとした青空が広がり、左手には富士山が見えていたことだろう。しかし加藤の目には富士山も、山里の風景も何も映っていなかったことだろう。この東名高速は秋葉原の交差点へと真っ直ぐに繋がっていた。曲がりくねった人生を送ってきた男は、人を殺すということにおいて、何の迷いもためらいもなかった。

埼玉愛犬家連続殺人事件

刈り入れが終わった水田の中の不気味な廃墟

関根元／死刑

「透明なボディーにしてやる」

埼玉愛犬家殺人事件で死刑が確定した関根元死刑囚（享年七五）が吐いた言葉である。犬の取引きを巡るトラブルなどから四人を殺害。あくまでも立証されたケースが四人だけで、もっと多くの人間を殺しているという証言もあり、殺人鬼という言葉がしっくりとくる犯罪者である。恐るべきはその手口で、犬を薬殺するための毒薬硝酸ストリキニーネを獣医から処方してもらい、栄養剤だと偽り飲ませ殺害したあと、当時知人が暮らしていた群馬県片品村に運び、そこで死体を解体し内臓、脳みそ、目玉、肉をきれいに削ぎ取り、骨は知人宅の庭で焼却し灰に、そして内臓や肉は切り刻んで、川に流した。正に冒頭の言葉通りに人体を跡形もなく消してしまうのだ。

関根元がこの犯罪方法のヒントを得たのは、生まれ故郷の秩父で、アルバイトをしていたラーメン屋の店主を殺害し放火した時に、焼け跡から死体が証拠を残さない形で発見されたことにあると、共犯者に語っている。しかし、その事件は立件されていない。

二〇〇九年、埼玉県熊谷市。刈り入れの終わった水田の中に、一軒の廃墟がある。今にも雨を降り落としそうなどんよりとした天気が、その廃墟の不気味さに拍車をかけていた。人が住まなくなり長い年月が経ち、窓ガラスは割れ、柵には雑草が絡みついている。その様は、ホラー映画に登場する家のようである。

既に陽は暮れかかり、廃墟の前の道を歩く人も心なしか足早に通り過ぎていく。かつてこの廃墟で関根元はアフリカケンネルというペットショップを経営していた。犬のブリーダーとして数多くの雑誌に登場し、シベリアンハスキーを日本に広めるなど、業界は有名な人物だった。ただその商売方法は阿漕で、安く仕入れた犬を高額で売りつけることは、普通のことで、犬を売ってから、その飼い主の家に忍び込み、犬の食事に毒を盛り殺し、改めて犬を買わせるなど、正にやりたい放題だった。そんな悪事の殿堂が目の前にある廃墟なのである。主は既に亡くなっており、二度とこの場所に戻ってくることはない。それにしても、この不気味さは何なのだろう。今でも関根元が夜中に人肉を切り刻んでいるような気配すらある。

廃墟の柵の一角に穴が開いていたので、私は主なき悪の殿堂に足を踏み入れることにした。建物のガラスは割れ、室内にも雑草が生い茂り、荒れ放題である。かつて建物の屋根に掲げていた「犬・狼」と書かれた看板も残っていた。錆びついた犬の檻も残され、犬の餌にする冷凍肉でも保存していたのだろうか、冷蔵庫も残されていた。暖炉があったというログハウスの中も床が抜け、下手に足を踏み入れると崩れてくるのではないかという気さえする。日没が迫る中、時間の許す限りカメラを向けた。ここアフリカケンネルでは若い従業員も働いていた。女性従業員に関しては一人をのぞいて全て、関根元が手をつけていたという。彼らにしてみれば、この悪の殿堂も生きる糧を得る現場であったのだ。カメラを構えながら、ふ

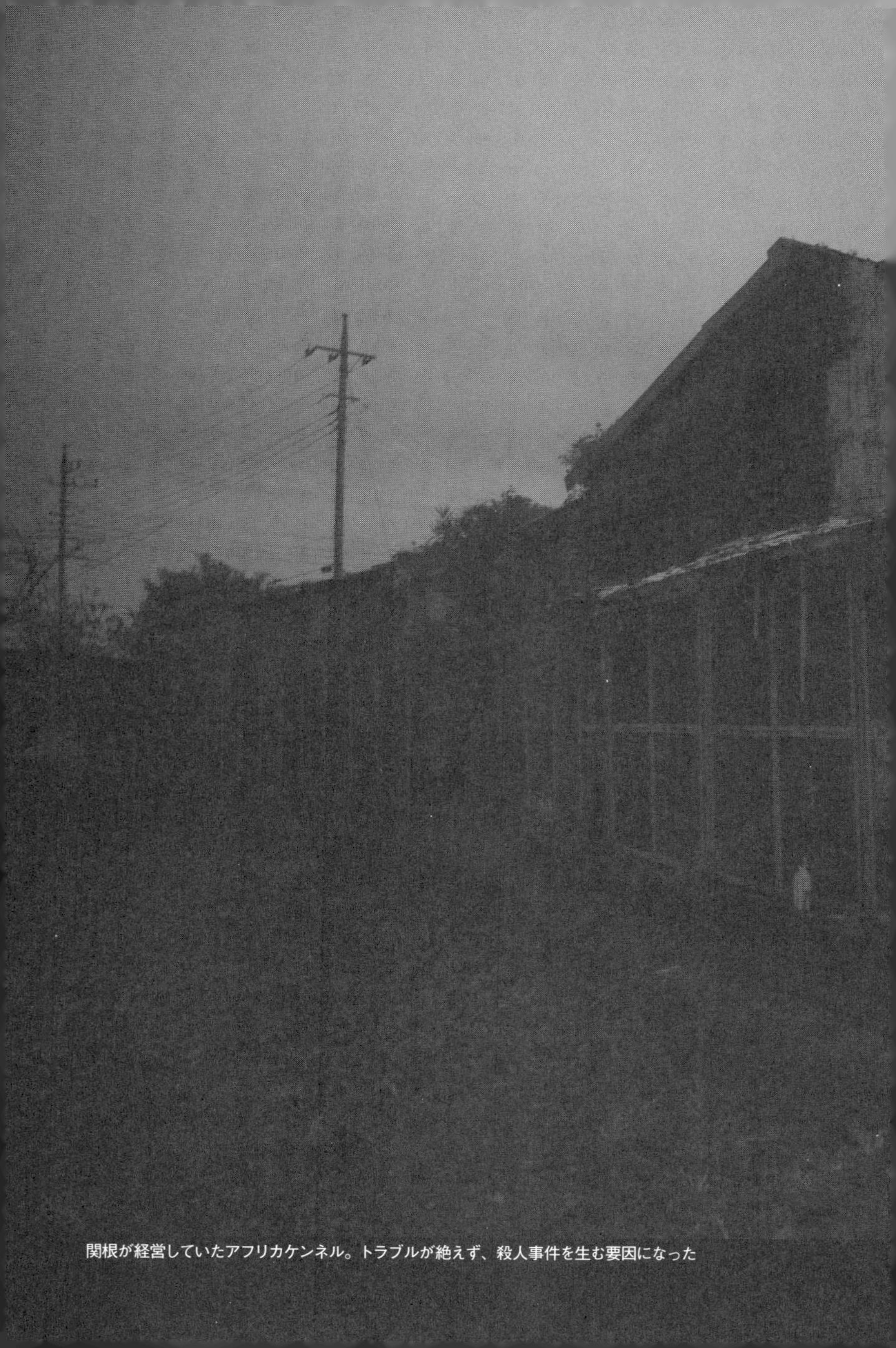

関根が経営していたアフリカケンネル。トラブルが絶えず、殺人事件を生む要因になった

生まれ育った秩父には、生家と同じ間取りの長屋が残っていた

と彼らは今頃何をしているのだろうと、顔も知らぬ従業員たちのことが心をよぎった。

埼玉県秩父市は関根元の生まれ故郷である。かつては賑やかな商店街だった通りの一角で関根元の父親は長屋で下駄屋を経営していた。今では生家はなく、商店街も見る影も無いほど寂れていて、ぽつりぽつりと商店が営業しているに過ぎない。数少ない商店に足を運ぶと、誰もがはっきりと関根元のことを覚えていた。

「いい人だったよ、大きい声で話しながら、この通りを歩いていたよ。どこで変わっちゃったんだろうね。昔は威勢の良い人が多かったから、特に変わったことはなかったよ」

六〇代の女性が、昔を懐かしむように関根元のことを振り返った。どこで変わったのかということで見れば、関根元の妻である風間博子死刑囚もどこにでもいる普通の女性だったという。さらに近所の男性が言う。

「元ちゃんのお父さんもお母さんも良い人だったよ。お父さんは良い下駄職人だったね。元ちゃんとは一〇歳ぐらい年が離れていたから、そんなに頻繁に遊んだって思い出はないんだけど、面倒見のいいところもあったよ、よく人の相談にも乗っていたみたいだし、ただ調子良いところもあったけどね。何番目かの奥さんか忘れたけど、きれいな奥さんをもらった時は、どうやって結婚したのが不思議だったね」

ここ秩父で関根元は、実家の下駄屋の土間で犬の繁殖をはじめる。そしてこの秩父時代に本人曰くアルバイトをしていたラーメン屋の店主を殺害してもいる。明るく気のいい兄ちゃんである反面、既にこの時期、後の凶悪犯罪へと繋がる芽は着々と育っていた。

生家近くには、同じ間取りの長屋が残っていた。戸は閉まっていたが、ガラス越しに土間と畳の敷かれた和室が見えた。下駄屋に犬の繁殖、何とも雑然とした家の様子が目の前に広がってきたような気がした。下駄屋という斜陽な商売から足を洗い、新たなビジネスチャンスを嗅ぎ分ける嗅覚を持っていた。ただ、その嗅覚を間違った方向に使ってしまったがゆえに、大きな犯罪へと繋がってしまったのだった。

夕暮れ時、秩父の街中を歩いていたら、街並みの向こうに山肌が無残にも削られた武甲山が見えた。元々は勇壮な山容を誇っていたという武甲山だが今では石灰岩の採掘によって見るも無残な姿になっている。山そのものが人間の欲望により姿を変えてしまっている。己の欲望のために人肉を切り刻むことも厭わなかった関根元。武甲山の山並みと関根元の心の闇が重なって見えた。

深川通り魔殺人事件

川俣軍司／無期懲役

シジミ漁で糊口を凌いだ一家。小さな借家からは唸り声が響いていた

一九七一年六月一七日の白昼。すし職人など様々な職を転々としていた川俣軍司（当時二九歳）は、タバコハウスと呼ばれていたドヤを出て、昨日受けたすし店の面接の結果を知るためにドヤのあった森下を通る新大橋通りにある電話ボックスに向かった。所持金は一八〇円、荷物はカバン一つ、その中には柳刃包丁が一丁入っていた。

すし店のマネジャーから不採用との結果が伝えられると、電話ボックスを出て、東京メトロ森下駅の方角へと向かって歩き出した。向こうからは幼稚園児を連れベビーカーを押した若い主婦が歩いて来る。その刹那、軍司はカバンから柳刃包丁を取り出すと、三人に向かって襲いかかった。三〇秒ほどの間に女こどもばかりに刃を向け、四人を殺害、二人に重傷を負わせたうえに、三三歳の主婦を人質にして中華料理屋「萬来」に立て籠った。

中華料理店に立て籠もると、説得に当った捜査員に対して、「俺には電波がついている」などと訳のわからないことをぶつぶつと話し続けた。

篭城から七時間後、突入した捜査員によって身柄を拘束され逮捕された。事件発生当時から、下半身に

川俣が事件直前まで滞在していた東京江東区のドヤ街。街の雰囲気は変わったが今も当時の建物が残る

何も身につけていなかった軍司は、中華料理屋から連れ出される際、口には猿轡をかまされ、白いブリーフを履かされたことから、人々に強烈な印象を残したのだった。

逮捕後の検査で、尿からは覚醒剤の反応が出た。一九六〇年代半ばから増えはじめた覚醒剤は、暴力団や在日朝鮮人グループの資金源となり、労働者を中心に広く蔓延し、深川だけでなく大阪の西成などでも通り魔殺人が度々起きるなど、当時、深刻な社会問題となっていた。

軍司が覚醒剤に手を染めたのは、中学卒業後に東京ですし修行をするが挫折し、故郷に帰っていた時期のことだ。故郷である茨城県鹿島郡波崎町（現在は神栖市）の実家から、車で三〇分ほどの場所にある銚子の歓楽街に入り浸っていた頃、知り合ったヤクザから買ったことがきっかけだった。

覚醒剤の常用が事件の引き金の一端となったことは間違いない。ただそれ以前から、暴行事件などを繰り返しており、前科七犯であることから、本人の素養に問題があったことは言うまでもない。

事件前に軍司が暮らしていた茨城県神栖市を歩いた。軍司が暮らした家は、常陸利根川のほとりにあって、父親は土地は無く、主にシジミを取る川漁師として、一家の生計を支えていた。

「この集落で川俣なんて姓は珍しいぞ、土地も持ってないべ。どっからか流れてきたんじゃねぇか。今はビニールハウスになっちまってるけど、そこに借家がつい最近まであったんだよ。軍司は地主さんから家を借りていたから、これは推測だけども、先祖は地主さんのところで使用人みてぇなことをやってたんじゃねぇか。軍司のところの大家さんは、昔は船も持ってて東京に物を運んでひと財産つくった人だから、いっぱい使用人はいたと思うぞ。商売を止める時に家を貸してやったんじゃないかな」

生家の近くには川俣一家が暮らしていた長屋と同じ間取りの長屋が残っていた

川俣軍司の一家が暮らしていた借家の近所の男性がそう証言してくれた。シジミ漁は通年行えるわけではなく、夏場は禁漁期間となり、それ以外の季節は農業を行う半農半漁の人々がこの集落では大多数を占めていて、土地を持たないのは軍司の一家ぐらいだった。それゆえに一家の生活は集落の中でも群を抜いて貧しかった。軍司の幼少期、母親は満足に乳が出ず、ミルクを買うこともできなかった為、重湯で育てられたのは有名な話である。

軍司の暮らした家は、今は無くなっているが、同じ形の長屋が二〇メートルほど離れた場所に残っていた。今もその家には四人家族が暮らしていた。外から見る限り、平屋の文化住宅といった雰囲気で、夫婦で暮らすのにちょうどいい位の大きさである。軍司はこの規模の家に、両親と三人で暮らしていた。上の兄は家を出て銚子で暮らしていたが、三人で暮らすには少々手狭である。

「いつも親父さんの怒鳴り声が聞こえてきてなぁ。騒々しい家だったぞ」

近所の男性は言う。貧しいながらも愉快な我が家といった空気ではなかった。

軍司一家の大家は、太田地区を走る国道沿いで商店を経営していた。店では宝くじやロトを販売しているらしく、ひっきりなしに客がやってきた。店主は、農夫然とした格好の客とは違い、アイロンがかけられたシャツを着て店先に立っていた。

「うちでは年間二万五千円で貸していたと聞いていますよ。家も私たちが建てたんじゃなくて、土地を貸してあげるから好きに建てなさいといって、建てさせたと聞いています。私はあんまり軍司とかかわったことがないから、はっきりと思い出せないんですよ」

元大家の男性は、軍司との関わりについて、積極的には話したがらなかった。

寿司店での修行を中途半端に切り上げて、故郷へと帰ってきた軍司は、電気店で働いた後、父親の跡を継ぐ決意をし、シジミ漁師となった。

漁師となってからの、働きぶりは極めて熱心だったという。朝から晩まで、人一倍働き、最初の月は二〇〇万円の売り上げがあったという。はじめは父親の言うことを素直に聞いていたものの、少し仕事を覚えると一人前になった感覚に陥り、父親に何か言われると腹を立て、「海に突き落とすぞ」と、凄むようになり、家に帰って、気に食わないことがあると、母親の作った料理をお膳ごとひっくり返すようになった。両親はたまらず、家を出て、銚子市内に暮らしていた長男の家に避難した。

両親は逃げて行ったものの、シジミ漁での稼ぎは少なくなかったようで、外車を購入し、馴染みのホステスがいる銚子へ連日のように繰り出した。しかし、ホステスに夫がいることを知ると、包丁を持ってホステス夫婦に切り掛かり、懲役一年の実刑判決を受ける。銚子市内を歩いてみると、今も川俣軍司の記憶は残っていて、思わぬことを教えてくれる人もいた。

「川俣軍司のお兄さんていうのも、今から五〇年前に銚子で殺人事件を起こしているんですよ。当時鉄工所に勤めていて、何かでもめたらしくて、そこの社長さんを刺しちゃったんですよ」

軍司だけでなく、兄も殺人事件を犯している。その話を耳にして、ふと軍司の血筋というものが頭をよぎった。事件の背景には覚醒剤だけでなく、その出自というものも少なからず影響しているように思えてならなかった。

銚子で暴行事件を起こした軍司は、刑務所に収監され、シジミ漁師は廃業となったが、事件を起こす前に、利根川に潮止めの堰が出来ることとなり、シジミ漁師たちは次々と廃業していったから、事件にかかわらずシジミ漁師の道は絶たれたことになる。

一年後、刑務所を出所すると、銚子市内や都内に出て、すし店や水産加工会社などを転々として、仕事先でトラブルを起こしては、職場を転々とするようになるのである。

二九歳で逮捕された川俣軍司は今も刑務所の中にいる。起こした事件の重さゆえ、おそらく二度とシャバに出て来ることはないだろう。

取材の終わりに私は、軍司がシジミ漁の船を出した漁港を訪ねた。広々とした利根川の上流に、潮止めの堰が見えた。事件を犯す前の人生を振り返ってみると、粗暴なだけでなく、真面目に働くような一面もあった。もう少しうまく生きることができなかったのか。彼の生き様にもどかしさを感じてしまうのは私だけであろうか。

神戸連続児童殺傷事件

少年A「酒鬼薔薇聖斗」／医療少年院送致

流転——少年Aが過ごした街を辿る

大阪市内から阪神高速で、神戸市内にある少年Aが暮らし、事件を起こした新興住宅地へ向かったのは二〇〇七年のことだった。神戸市内で高速を下り、国道二号線沿いに走っていくと、源平合戦で名高い一の谷の地名が目に入ってくる。さらに車を進め、右手の丘陵地帯に向かって細いくねくねとした旧道を走る。古代の街道である旧山陽道だ。丘陵地帯の頂には、平安時代に創建された由緒ある厄除け八幡宮がある。

この八幡宮の裏手に回ると、少年Aが暮らした住宅地が谷を挟んで忽然と現れる。住宅地が造成された当時、住宅地内は住民自治を謳い、当初警察の派出所も置かれなかった。言わば、住宅地は高度経済成長が生んだ新しき村であり、そして住宅街の背後の山には、新しき鎮守の杜であるタンク山が聳えている。

住宅地の周辺には、厄除け八幡宮や一の谷合戦の史跡、他にも歴史的な史跡が数多くある。この国が積み重ねてきた歴史の中にあるはずの厄除け八幡宮などの史跡と少年Aの新興住宅地。しかし、高度経済成長が生んだ新興住宅地と、日本古来からの文化である八幡宮の間には、風景から感じる違和感だけでなく、戦後を境に日本という国がまったく別の国になってしまったことを私に印象づけた。

現在の日本では当たり前の風景の中で事件が起こった。

少年Aの暮らした新興住宅地では、未だに事件の話はタブーのようだ。最初にこの住宅街に足を運んだ時のこと。事件の起きたタンク山は見えるが行き方がわからず、二人組みの中学生に道を尋ねた。

「タンク山ってどう行くのかな？　少年Aの事件の」

「はいっ、わかりません」

メガネをかけた少年が即答した。もうひとり茶髪の少年は僕らのやりとりがおかしいのか、うっすらと笑っている。そしてメガネの少年が訝しげに尋ねてきた。

「何のことですか？　この辺りにはないです。何しに来たのですか？　テレビとかですか？」

雑誌の取材だと告げると、メガネの少年が言った。

「いろいろ悪いこと書く雑誌があるので」

今度は私が尋ねた。

「君は、さっき事件のことも知らないと言ったけど、ここで事件があったんだよね」

メガネの少年は、こくりと頷き言った。

「家でも意識的に話題は避けています。被害者の話題は出ますけど」

事件後、少年Aはこの住宅街から消え、日本のどこかに潜伏していた。そんな少年Aの消息が報じられたのは、二〇一六年二月のことだった。『週刊文春』によって元少年Aが足立区内の団地で生活していることが明るみになり、大きな話題となった。

少年 A が被害者の首を切ったタンク山からの眺め

大人となった少年 A が暮らしていた都内の花畑団地。かつて陸の孤島と呼ばれていた

あの陰惨な事件から二〇年近くが過ぎ、すでに三三歳の大人となった彼が暮らしていた団地は、足立区と埼玉県草加市との境にある。

その団地へと向かってみた。人々にどのように記憶されているのか、この目と耳で確かめてみたかった。団地のある足立区北東部は、つくばエクスプレスが開通するまで、陸の孤島と呼ばれ、甚だ交通の便の悪い土地であったが、近年でリフォームされたこともあり、若い夫婦なども増えているという。その人の流れの中に紛れ込んで元少年Aは棲み着いたのだった。

元少年Aが暮らしていた棟は、団地の北端で、毛長川という川のほとりにある。周囲には公園もあり、のんびりとした空気が流れている。

元少年Aが暮らしていた棟の近くで、住民と思しき男性がベンチに腰掛けていた。挨拶をしてから、気になっていたことを聞いてみた。

「少年Aが住んでいて大騒ぎになりましたが、住民の出入りは以前からあるんですか？」

男性は、屈託もなく話してくれた。

「うちの部屋の上にも、ひとり男が住んでいてね。三ヶ月ぐらい前に引っ越してきたと思ったら、つい最近いなくなっちゃったんだよ。動きがおかしくてね。カゴ付きのオバさんが乗る自転車を自転車置き場に置かないで、わざわざ部屋まで持って上がるんだよ。あれはきっとやましいことがあるんだろうな」

四〇年以上、この団地に暮らす男性によれば、住民によるトラブルは少なからず発生しているという。

「まず家賃が安いだろ、だから下っ端のヤクザが多くて、堂々とした顔して歩いているよ。この前も、少年Aが住んでいた棟の近くでヤクザ同士の喧嘩があったばかりでさ」

陸の孤島と言われてきた故に、都市の中の漂流者たちを、呼び寄せるのがこの団地だった。世の中を震撼させる事件を起こし、日本社会の日陰を歩かざるを得ない少年Aがこの地へと来るのは必然だった。

少年Aは一九九七年に児童二人を殺害し、三人に重軽傷を追わせ、逮捕された後、医療少年院に送致。二〇〇四年に仮退院し、四国や東京都内、神奈川県内を転々とし、この団地へと流れてきた。

四年ほど前から、少年Aが都内にいるのではないかという噂は、ところどころで囁かれていた。そのうちの一つは東大和市の団地にいるというもので、近隣のスーパーマーケットで働いていたという。

元少年Aはこの団地から消え、どこへと流れていったのか。団地に暮らす女性が言う。

「支援する人がいて、部屋の手配とかしているって話ですけど、さすがにもう東京にはいないって、今度は越谷（埼玉県）に行ったって噂が出てますよ」

今後の潜伏場所は、やはり人の動きがある都市近郊のベッドタウンということになる。隣近所の人間関係が濃密な、田舎に潜伏することはまずないだろう。

団地周辺を歩いていてさらに不気味な話を聞いた。元少年Aが暮らしはじめたと思われる二〇一五年夏前後から、団地周辺では、猫や鳩などの動物を殺害する猟奇事件が頻発していたというのだ。

小動物を殺していたのが元少年Aだという確証はない。ただ彼がこの団地を去ってからというもの、そうした事件は起きていないという。

金嬉老事件

金嬉老／無期懲役

在日差別を訴え温泉旅館に立て篭もり、警察に向かってライフルを構えた部屋から見えた犯人の原風景

「真っ赤なスポーツカーに乗って、派手なシャツを着て、粋な人だったよ」

二〇一〇年三月、韓国釜山で亡くなった金嬉老の思い出を語るのは、金嬉老が事件を起こす直前まで暮らしていた静岡県掛川市内で理髪店を営む男性だ。この取材に出る前、果たして地元の人々は彼に対しての思いを口にしてくれるか心配だったのだが、それは杞憂だった。男性は金嬉老のことを通名である金岡さんと呼んだ。

「面倒見が良い人でね、地元のヤクザにも入らないで一匹狼だったよ。いつもスポーツカーには二丁のライフルが積んであって、『お前も撃つか？　川で撃つと気持ちいいぞ』なんて言われたこともあったね。金岡さんはおしゃれな人で、月に二回はうちの店に来て頭を刈っていったよ。一度朝鮮人の女の子を預かってくれと頼まれたことがあって、一人前になるまで面倒を見たことがあったんだよ、そうしたら感謝してくれてね、パチンコで勝ったと言っては、みんなにチップを置いていったよ。だから、当時放送されたワイドショーの木島則夫のモーニングショーで立て篭もってインタビューを受けている姿を見た時は、あっ金岡さんだっておどろいたねぇ」

話を聞き終えて、店主に礼を言って歩き出すと、

「おいっ、何の話をしているんや？　余計なことを話してんじゃねぇぞ」

先ほどから店主と話していることを少し離れた場所からじっと見ていた男がいきなり声を掛けてきた。男は威嚇するような口調で声を掛けてきたのだった。男はこの近くに住む金嬉老の親族のことも知っているという。取材をしている私のことを快く思っていないようだった。私は適当に返事をして相手をすることなくその場を後にした。金嬉老の事件はこの地に住む人にとって様々な波紋を投げかけているのだった。


金嬉老は在日二世として静岡県清水市（現在は静岡市）で一九二八年に生まれた。港湾労働者の人夫出しをしていた父親は、清水港での港湾作業中に死亡、その後は生活は困窮し、学校でもイジメもあり、小学校を五年生で中退する。

「朝鮮人への差別はひどかったよ」

金嬉老の幼少時代を知る八〇代の男性は言った。

「朝鮮人、朝鮮人といじめたり、金嬉老の住んでいた長屋の前に干してあった唐辛子を盗んだりすると、日本語じゃなくてむこうの言葉で何か言いながら、母親が追いかけてくるんだよ」

金嬉老が暮らしていたという長屋があった場所へと足を運んでみると、長屋は既になく駐車場になっていた。道幅も広がり、朝鮮人が暮らしていたという長屋はどこにも残っていなかった。ただ一軒の家ごと

の区画の狭さが当時の面影をかろうじて残していた。それと金嬉老の父親をはじめ多くの半島の人々が働いていた企業の看板が街の中で目立っていた。

金嬉老が通った小学校にも足を運んでみると、「立派な日本人になりましょう」という標語が石に刻まれていた。在日ということで差別を受け続け、苦しみ続けた男は心のどこかで、日本人になりたかったという思いもあるだろう。そう考えると、この標語は私を何とも複雑な気分にさせた。

小学校中退後、少年院、刑務所と娑婆世界を行き来する生活を続けていた金嬉老は、三九才の時に、この生家からほど近い場所で、金銭トラブルから暴力団員二人を射殺し、寸又峡の温泉旅館へ立て篭もる事件を起こす。

生家から金嬉老が立てこもった寸又峡の温泉旅館まで、彼が辿った道をドライブしながら向かった。当時の道は舗装もされてなく、厳寒季で路面も凍結している中、彼は山道を走り続けた。

寸又峡では金嬉老が立て篭もった旅館の同じ部屋に泊まった。事件から四〇年以上経つが、部屋の間取りは変わっていない。

「怖いなんてもんじゃなかったよ。三日間一緒にいて、女子供は用がないから出て行けって言われたけど、勝手に入ってきて、そんなこと言われて頭きちゃったわよ」

当時のことを旅館の女将が語ってくれた。事件後温泉街は全国的に有名になり二七軒の旅館が建ったが、今では一二軒になったという。

金嬉老が警察に向かってライフルを構えた部屋からは見事に咲く山桜が見えた。新しい壁の裏に保存さ

金嬉老が立て篭った旅館の部屋。部屋の壁には彼が書いた落書きも残っていた

金銭トラブルから暴力団組員を殺害したスナック街

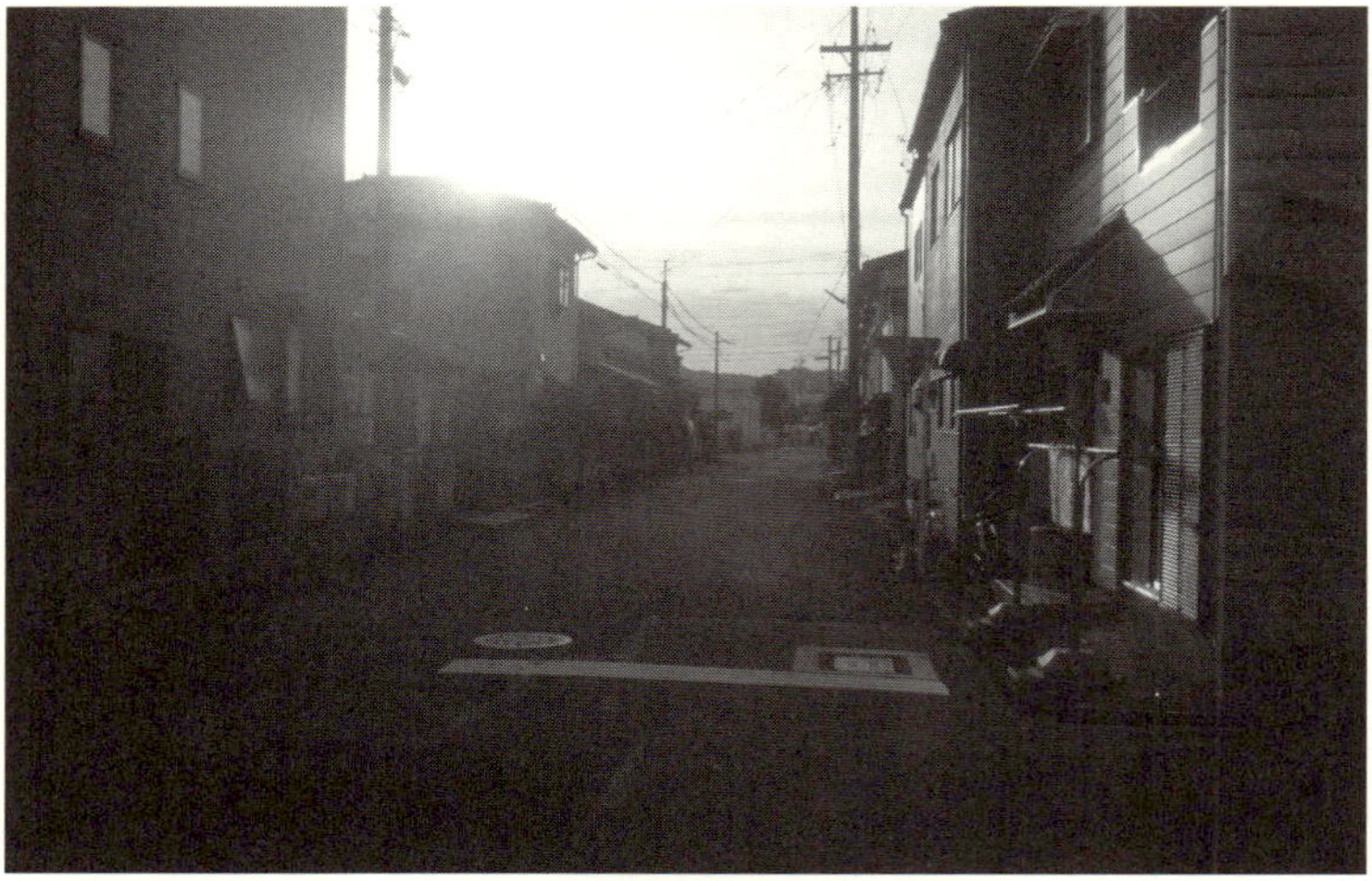

幼少期に金嬉老が生活していた長屋のあった通り。当時の面影はない

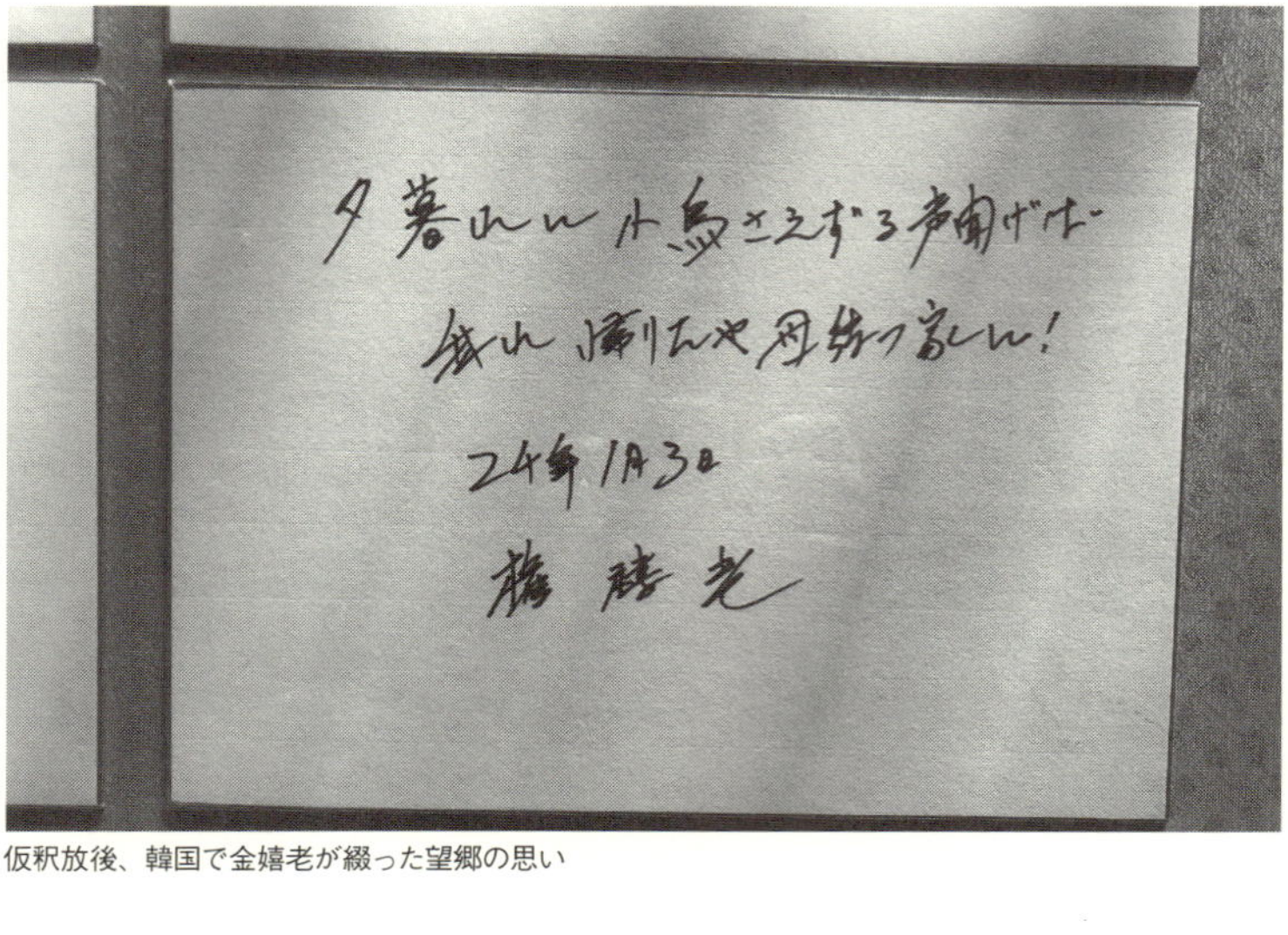

仮釈放後、韓国で金嬉老が綴った望郷の思い

れている当時の壁には、金嬉老が炭で書いたメッセージが微かに残されていた。四〇年の時を経て、金嬉老が生きた証を目にした時、ふと私は思った。金嬉老は無期懲役の判決を受け収監、一九九九年仮釈放後に韓国に渡り、最初は民族の英雄として、人々からも注目されたが、その後度々傷害事件を起こし、韓国では急速に忘れられた存在となり、ダーティーなイメージをもたれることもあった。そう考えると、この部屋に立て篭もり、日本人による在日への差別を訴えた四〇年前の金嬉老にとって、この部屋の日々は人生最良の時だったように思えるのだ。立て篭もった時にテレビに向かってはきはきと理路整然と話す彼の姿は、無学な者が自暴自棄になって起こした事件とは違う、何か感じさせた。事実として人種差別を訴える彼の言葉は、当時の文化人をひきつけた。それに共感する人々が多くいた時代背景もあるが、言葉を発する金嬉老の持つ人間力の大きさが作用したのは言うまでも無い。

晩年、母親の故郷である釜山で暮らしていた金嬉老は、母親の墓がある掛川への墓参りを希望していたという。私は金嬉老が墓参りをすることが叶わなかった母親の墓へと足を運び静かに手を合わせた。金嬉老がかつて暮らした集落のはずれでは、多くの朝鮮人労働者が工事にかかわったと鉄道の線路と並行して流れる川沿いに植えられた桜が満開だった。春風に吹かれた桜が散る中、母と幼い子が歩く姿を目にした時、あの世で再開した金嬉老と母親もこの桜並木の下をゆっくりと歩いているように思えた。そして、母と金嬉老は今の時代をどう眺めているのだろう。

附属池田小児童殺傷事件

宅間守／死刑

ゴンタから怪物へと変身した
宅間守が暮らした家は
今も同じ場所に建っていた

宅間守が暮らした家。近くには戦時中に伊丹空港の建設に携わった在日韓国・朝鮮人が暮らす地区がある

「事件の速報をテレビで見てな、ピンと来たんや、やっぱアイツだと思ったよ、間違いなかった」

二〇〇一年六月八日、大阪教育大学付属池田小学校に包丁を持った宅間守が侵入し、児童八人を殺害、負傷者一五人を出した事件を犯した日の夕方、宅間の生家からほど近い、兵庫県伊丹市内で商店を経営するという六〇代の女性は、東京に暮らしている宅間とは一歳違いで同じ中学に通っていた息子から電話を受けた。

「母ちゃん、アイツを知ってる奴なら誰も驚かんな、やってもおかしくないわ」

宅間はこの辺りで不良を意味するゴンタだったと、その女性はつけ加えた。ゴンタというどこか愛嬌のある方言で呼ばれていた少年は、年を重ねるごとに怪物へと変身してしまったのだった。

兵庫県。ＪＲ伊丹駅を出て、目の前にある大きなショッピングモールを抜けると、猪名川という川が流れている。宅間が子どもの頃は、水量が多く、とても川遊びなどできなかったという。最近では上流にダムができたこともあって、小川ほどの水量しかない。ただ野球のグラウンドがある広い河川敷からは、以前の水量を誇った川の姿が想像できる。三〇〇メートルほどの橋を渡ると宅間が生まれ育った地区がある。時々旅客機がでかい金属の腹を見せながら、飛び立っていく、猪名川と大阪国際空港に挟まれた土地が宅間の生まれ故郷である。

宅間の母親は、この地区の地主の娘で、宅間が暮らしていた家の土地も、母親の実家の土地ではないかと、近所の人は言う。雑誌にも登場した父親は、酒飲みでほとんど仕事をせず母親が近所のスーパーでパートをし、生活費を捻出していたが、それだけでは生活費を工面することができず、土地を売ってしのいでいたという。

夫と宅間の面倒を見ることに疲れた母親は、家にはおらず、現在の居所は不明である。

宅間が生まれた地区から国道を一本渡ると地区名が変わり、在日朝鮮人が多く住む地区になる。戦前に日本軍が利用した大阪国際空港の建設に労働者として関わった人々が多く住んでいるのだ。そこで出会った七〇歳代の男性が言った。

「昔、ピザ屋が宅配を始めた頃、息子がピザが食べたいって言うから、ピザを頼んだんや、でも川向こうだからと言うて持ってきてくれんかった。差別意識があったんやろな、のけもんやったよ」

宅間の両親は、日本人なのだが、近所に暮らす在日の人々は、差別と隣り合わせの日常を送っていた。

宅間は小学校時代には、この地区の人が監督を務める少年野球チームに入り、中学生時代もこの地区の仲間とつるむことが多かったという。

根強く残る在日朝鮮人に対する差別、川向こうという言葉からも、隣接する彼の暮らす地区も差別されたことがあったかもしれない。

それが、後にエリートへのコンプレックスから、医師や実業家を名乗って女性を騙したり、果ては付属池田小学校での事件に繋がる宅間守を形成していくことに関連があったのかもしれない。

二〇〇四年九月一〇日に死刑執行。稀代の殺人者が暮らしていた家は、今も同じ場所に建っていた。門前には粗大ゴミが置かれ、とても人が暮らしているような雰囲気ではなかった。生前の宅間の心のうちを表しているかのように、どこか荒んだ空気に家の周囲には包まれているのだった。

西口彰事件

西口彰／死刑

犯行行脚を重ねた男のルーツ「キリシタン集落」

穏やかな水面が広がる海岸の真後ろには、すぐに山が迫っていた。私は二〇〇九年の夏、移住先として最近人気があるという長崎県の五島列島の中通島にいた。この島は、平たい土地というものが限られていて、海から山が突き出たような地形をしていた。

海を背にしながら細い山道を歩いていくと両側にはわずかばかりの段々畑が広がっていた。白い頬かむりをして背骨の曲がった老婆がひとり、畑の中で雑草を抜いていた。この辺りに西口彰の生家があったと聞いていた。私は老婆に生家の場所について知っているか尋ねた。

「わざわざ東京から？　よう来たね、こんな山の中へ。私がここに嫁いで来た時には、もうここにはおらんかったけど、行ってみるか？」

西口彰は一九六四年一〇月から翌年の一月にかけて五人を連続して殺害した殺人者で、中通島で生まれた。老婆は畑仕事の手を休めてわざわざ私を西口の生家のあった場所へ案内してくれた。右手には鎌を持っていた。マムシが出るから、草を刈りながら行くのだという。

五分ほど草をかきわけ進んで行くと、家一軒分ほどの空き地がぽっと現れた。建物は残ってなく、最近

西口が育った五島列島中通島。潜伏キリシタンが暮らした集落は山の斜面にあった

潜伏キリシタンの墓地

増えたイノシシを捕らえる檻だけが仕掛けてあった。西口一家の痕跡は既に夏草の下に埋もれてしまっていた。ぼうぼうに伸びた草の間からは、古くは遣唐使船が風待ちをし、室町・戦国時代には、倭寇の拠点になったという入り江が見渡せた。

映画『復讐するは我にあり』では名優・緒方拳によって演じられた、西口彰。彼は五人を殺害し、更には十数件の詐欺や窃盗を働きながら、九州から北海道まで逃避行を重ね、昭和三九年に逮捕された。弁護士や大学教授を名乗りながら巧みに人を騙しての犯罪行脚であった。最後は熊本県玉名市の弁護士宅で、その家の一〇歳の女の子に当時全国指名手配中の西口彰ではないかと見破られ、逮捕されたのであった。

西口彰の生まれは大阪であるが、本籍地は長崎県五島列島中通島。一家はカトリックの信者で西口も洗礼を受けている。父親の仕事の影響で各地を転々とし、中学は福岡のミッションスクールに通うが二年で中退し、その後窃盗、詐欺を繰り返し、最後に逮捕されるまで刑務所には四回入っていた。

五島列島と言えば、江戸時代のキリシタン弾圧で有名である。西口の育った集落の歴史は、祖先が江戸時代に長崎県大村半島から入植したことにはじまる。当時、大村半島の住民のほとんどはキリシタンだったが、厳しい取り締まりを逃れるため五島列島へとやって来たのだった。ただ、「五島は極楽、来てみて地獄」の言葉が残っているように、漁獲量の多い入り江や肥沃な土地は既に先住者がいて、キリシタンたちは、山間にある猫の額ほどの土地か、漁業にもあまり向かない入り江に住まざるを得ず、半農半漁の生活を余儀なくされた。

キリシタン集落に生まれた西口彰は、ミッションスクールを中退しているものの、犯罪行脚を重ねる合間にも教会に通うなど、敬虔なカトリック信者であった。彼が最初に窃盗罪で保護処分を受けたのは一六歳の時で昭和一六年六月、日本は国家を上げてアメリカとの戦争の道を突き進んでいた。その翌年には詐欺罪で少年刑務所に服役している。国家が天皇というアイコンの元に国民を団結させる中、その秩序に抗うかのような彼の犯罪歴はスタートし、もう戦後ではないという言葉の下に誰もが高度経済成長を謳歌する中、無軌道に犯罪を重ねた。まるで何かに飢えたかのように犯罪を続けた西口の人生を俯瞰してみると、世間の常識であるとか秩序を超越した独自の精神世界が存在している。その依り所は、神こそが絶対であるカトリックの信条を独自に解釈し、どんな罪を犯そうが神によって赦されると考えたのではないか。

西口が育った村は過疎化が進み、西口の暮らした家ばかりでなく、斜面に建てられた家は朽ち果て、苔むした石垣だけがところどころに残っていた。かつて彼の祖先が血の滲む思いで開墾した段々畑は放棄され、以前の森に戻りつつある。そして戦後最悪の連続殺人と呼ばれた、西口の記憶も時の積み重ねの中で、いつしか忘れ去られるのだろう。

集落の中に幼い頃の西口が通った教会があった。足を運ぶと、中から聖書の一節がオルガンの音にのって聞こえてきた。

〝幸せな人神を畏れ、主の道を歩む人〟

神とともに鬼畜の道を歩んで行った西口、一九七〇年刑場の露と消えるまで彼の心に神は宿り続け、時には教会の風景を思い出したことだろう。

津山三十人殺し

都井睦雄／死刑

立派な藁葺き屋根の名家で育った裏で
偏見の芽があちこちにはびこった

中国地方の中にある村、倉見で都井睦雄は生を受けた。生家は今も残っていた

二〇一〇年の秋、鳥取県鳥取市内からレンタカーで、津山三十人殺しの犯人の都井睦夫が生まれた倉見へと向かった。村へと続く山道は、杉林に覆われ、過疎化で手が入っておらず、か細くなった杉の幹が山村の衰退を物語っていた。

集落には、都井睦夫の墓があった。墓には、近くを流れる倉見川から拾ってきたと思われる漬け物石のような石がひとつ置かれているだけで、名も戒名も記されていない。誰が手向けたのか花が捧げられていた。

墓からほど近い場所には、都井睦夫の生家がある。今でも立派な藁葺き屋根が残っているが、住む人はいない。家の裏側に回ってみると、藁葺き屋根が崩れかけ、ビニールシートがかけてあった。

かつては、茅葺き屋根の葺き替えや田植えなどの作業は、集落に暮らす人々が、共同で助け合っていたというが、村人たちは都市へと吸収されていき、葺き替える者はすでに誰もいない。家の周囲に生えている、茅に利用されたススキが、斜光を浴びてガラスのように光っていた。

家の脇には樹齢二〇〇年になるという大きな檜の樹が立っていた。おそらく都井睦夫もこの木のまわりで遊んだことだろう。限界集落となった村では、この檜で遊ぶ子はおろか、子どもの声も聞こえない。聞こえてくるのは、村の中を吹き抜ける風の音だけだ。

墓に参ってから生家の正面に出ると、家の前にある畑に、頬かむりをした老婆の姿があった。腰を曲げ、鍬を使って土を耕している。

「こんにちは」

声を掛けると、老婆は作業の手を休めて、振り返った。私は、事件の取材で来たことを告げた。彼女はそうした者たちの訪問には馴れているのだろう。特に拒絶する素振りを見せることなく、話に応じてくれた。彼女は睦夫の親族だった。

「私ゃあ、嫁いできたから、睦ちゃんとは会ったことはのうて、話を聞いただけじゃけど、尋常小学校のときには、ずーっと級長をやって、優秀だったたって聞いておるよ。ここには小学校五年までおったんじゃ」

老婆は、都井のことを親しげに睦ちゃんと呼んだ。睦夫は、二歳のときに父親、三歳のときに母親を相次いで亡くす。両親の死因は、当時不治の病であった結核だった。後に結核は睦夫自身を蝕むことになる。

都井家は、ここ倉見で代々続く名家だった。江戸時代には庄屋を務めるなど、経済的にも豊かであった。しかし、両親を失い、肉親は姉だけになってしまった睦夫は、祖母に引き取られることになった。その理由は、町の学校でしっかりとした教育を受けさせたいという祖母の意向ともいわれているが、本家筋であった睦夫の父親が亡くなり、家は父親の弟が継いだことから、相続を巡って何らかの問題があった可能性も否定はできない。

「そこまでは、私ゃあ知らんなぁ。睦ちゃんが出ていったのは、私が来る前のことだけぇ」

睦夫が出ていった理由に関しては、嫁ぐ前のことなので何も聞かされていないという。

倉見を出た睦夫は、ひとまず祖母の郷里である津山市内で過ごす。その後事件を起こした貝尾へと移り、姉と祖母の三人で暮らした。祖母は睦夫のことを溺愛し、雨の日には学校を休ませるなど、目をかけて育てた。

小学校を成績優秀で卒業し、学校の先生も睦夫も津山市中心部にある中学校に通うことを望んだが、祖母はそれを拒んだ。可愛い孫を常に自分の目の見えるところに置いておきたかったのだった。祖母の一方的な愛情が睦夫の自立心を奪い、人格形成にも影響を及ぼしたことは想像に難くない。過保護に育てられたことによって自尊心が強くなり、他者に対する配慮は欠如し、攻撃的な精神状態を生み出すことになった。

親の遺産を相続し、経済的にも恵まれていた睦夫は、戦前まで全国の農村で普通に見られた夜這いに精を出すようになった。日本の農村ではかつて、性に対しては開放的で、夜這いが盛んであったことから、夫と血の繋がりのない子を妻が産み、それを家族の一員として育てることもタブーではなかったという。

睦夫は色白であり、また親の遺産を相続し金にも困っていなかったことから、村の女たちにはたいそうもてたという。何人もの女たちと関係を持ち、毎日のように夫がいる女性のもとへ通い詰めた。夫が激怒し、村の人間が仲裁に入って間を取り持つこともあった。

睦夫の人生に暗い影が差しはじめるのは、一九三七年、徴兵検査で丙種合格とされたことがきっかけだった。当時、丙種合格とは、一応兵士ではあるが戦場に送り込まれることはなかったものだ。不合格と同義であり、男としての価値を下げるものだった。

丙種合格を境にして、村の女たちから避けられるようになっていく。さらに、睦夫の両親が結核で亡くなったことも村人たちの知るところとなり、睦夫も結核を患っていたことから、ますます村での立場は弱くなった。

丙種合格のため戦時下にもかかわらず国の役に立てず、さらには結核を患っていたことで村の中でも睦夫は、精神的に追いつめられていったのだった。

自殺した峠からは眼下に事件現場となった貝尾集落が見えた

親族女性が教えてくれた睦夫の墓は漬け物石くらいの大きさの石が墓標となっていた

一九三八年五月二一日未明、睦夫はかねてから準備していた猟銃と日本刀で、恨みを持っていた夜這い相手の女の家など、村の家々を襲い、三二人を殺害した。その後、村を見下す峠で猟銃で自らの頭を撃ち抜き自殺した。年齢は二一歳だった。

庄屋の跡取りであった睦夫は、倉見を離れると、転げ落ちるように破滅への道を突き進んでいった。

人生に、もしという仮定をしても虚しさが募るばかりだが、睦夫の両親が早く死ぬことなく健在であったなら、津山事件は起こることはなく、ここ倉見で墓標もない墓に葬られることもなかっただろう。そして、私もこの土地を訪ねることはなかった。

目の前にいる老婆がふっと洩らした。

「睦ちゃんはかわいそうじゃったな」

今も生きている、殺された村人たちの遺族からしてみれば、睦夫は鬼畜以外の何者でもないだろう。ふらりとこの土地を訪ねた私のような者も、睦夫の犯罪には、おぞましさしか感じない。しかし、その人生を一歩引いて眺めてみると、彼ばかりに罪をなすりつけることはできないと心から思う。

「そうですね。かわいそうですね」

老婆の言葉に同意しながら、私もそう呟いていた。

茨城一家殺傷事件

岡庭由征／医療少年院送致

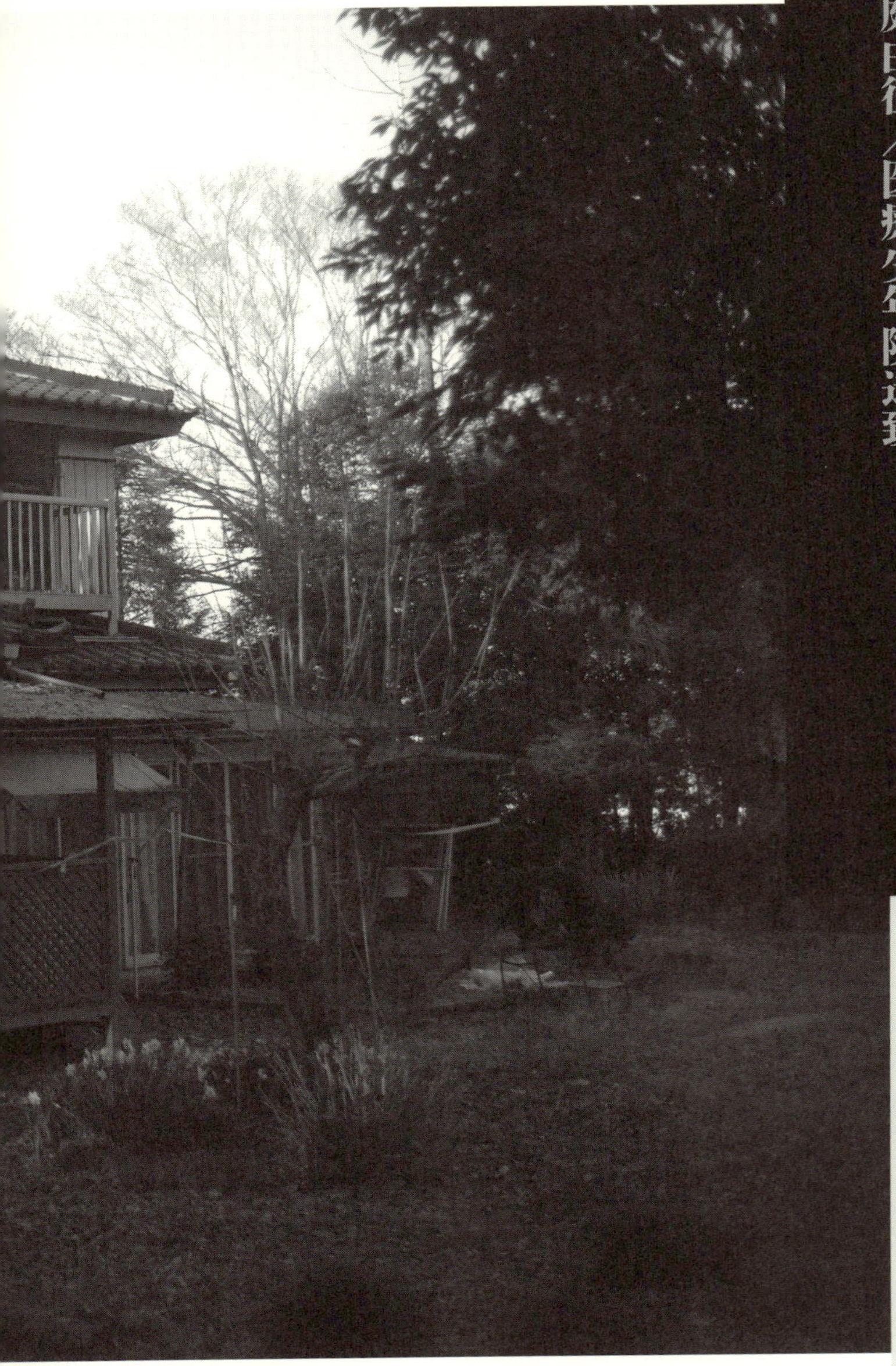

水田地帯に浮かんだ島のように見える「ぽつんと一軒家」

事件現場となったぽつんと一軒家は木々に囲まれていた

見渡すかぎりの水田地帯は、二、三ヶ月後には田植えの時期となるだけに、雑草を刈る者や耕運機で田の土を掘り返す者の姿があって、農村地帯ならでは光景が広がっていた。この光景を目にする限り、殺人事件などとは無縁の土地にみえる。二〇二四年、私は二〇一九年九月に夫婦が殺害され、岡庭由征が逮捕された、現場となった茨城県境町にいた。

事件現場は、木々に覆われた一軒家で、二階建ての木造家屋である。遠くから見ると、水田地帯に浮かんだ島のように見える。この場所を初めて通りすぎる者は、家があるとは気がつかないかもしれない。周囲には民家はあるのだが、二〇〇メートル以上は離れていて、孤立した空間と言っていいだろう。

事件が発生したのは、九月二三日の未明のことだった。この家に暮らしていたのは、小林光則さん（当時四六歳）、妻の美和さん（当時五〇歳）、長女（当時二一歳）、長男（当時一三歳）、次女（当時一一歳）の五人だった。

事件は、「助けて」という妻美和さんの一一〇番通報によって発覚した。時刻は午前〇時四〇分頃のことで、それから一五分後には警察官が現場に駆けつけているが、すでに犯人の姿はなかった。小林さん夫婦は二階の寝室ですでに亡くなっているのが発見され、隣の部屋で寝ていた長男は腕を切られるなどして重傷を負い、次女も軽傷を負った。一階に寝ていた長女は、無傷だった。

殺害された夫婦は、就寝中に襲撃され、顔や首などそれぞれ一〇ヶ所以上刺されていた。光則さんは肺に達するほどの深い刺し傷があった。容疑者の岡庭は、部屋から金品などを物色しなかったため、金銭目的で一家を襲ったのではなかった。

岡庭容疑者は、事件を起こす八年前にも、埼玉県三郷市の路上で、中学三年の女子生徒の顔を刃物で切

目の前の池の向こうに見える森の中に事件の起きた家があった

事件現場には規制線が張られていた

りつけた。翌一二月には千葉県松戸市の住宅街で小学二年の女児の脇腹を刃物で刺したとして、同月、殺人未遂容疑で逮捕されていた。一連の犯行は、弱者を傷めつけることに快感を覚える快楽殺人でもあった。二〇一一年の事件後も岡庭容疑者は更生しておらず、虎視眈々と新たな犯行の機会を窺っていた。

そして、目をつけたのは、木々に覆われた小林さんの家だった。

現場は、陸の孤島とも言える場所で、最寄り駅まで車で三〇分はかかる場所にある。冒頭で綴ったように田園地帯にあって、夜ともなれば、出歩く者などほとんどいない。現場は、今も規制線が張られ、近所の人が手向けたのか、花束が置かれていた。

家のまわりの水田で、農作業をしていた男性に声をかけてみた。

「何で、こんなことになったのか、見当もつかないな。亡くなった方とはほとんど付き合いはなかったから、わからないけどね。事件が起きる前は、戸締りなんてあんまり気にしなかったけど、あの事件からは、ちゃんと鍵をかけるようになったんだ」

次に私が向かったのは、現場と道路を挟んだ向かい側にある自動車屋だった。ニュースでパトカーや救急車が通りすぎる映像が何度も流れたが、その映像を提供したのが自動車屋の主人である。

鉄製の門を入ると、何台もの中古車が置かれていて、事務所には浅黒い肌をした外国人の姿があった。自動車屋を経営しているのはパキスタン人の男性だった。名前はシャヒドさんといって、流暢に日本語を話した。

「本当にびっくりですよ。僕は日本が大好きで、安全な場所だと思っていましたから、余計にびっくりしているんですよ。事件直後はマスコミがいっぱい来て大変でしたけど、今は静かになりました」

「被害者の方とは面識はあったんですか？」

「こちらでビジネスをはじめる時に挨拶をしに行ったんです。その時に亡くなった奥さんには会いましたけど、ご主人の顔は見たことがないんですよ。あと、学校帰りに歩いている子どもたちの姿は見かけたことがあります。奥さんは、一度しか会っていないですけど、丁寧な方でしたよ」

「事件前から、不審者の情報などはあったんですか？」

「特にはなかったんですが、人気の無い場所なので、道路に防犯カメラをつけてくれと、境町の役場にお願いしていたんです。役場からは、わかりましたという連絡が事件前にきていたんですが、未だに防犯カメラは取り付けられていません。実は、亡くなった小林さんも同じように境町に申請していたそうなんです。もし役場が早く動いてくれて、カメラを設置してくれていたら、事件は起きなかったかもしれない。僕は、税金もきっちり払っていますし、近所の人ともうまくやっていて、この地区のことが大好きなんです。役所の対応が残念でなりません」

シャヒドさんは、苦虫を噛み潰したような表情で言うのだった。


事件後、両親を失った子どもたちは、親戚の家に預けられ、この場所では暮らしていない。ただ、家の庭や周囲が荒れていないのは、近所に暮らす親族が時おり掃除に来ているからだという。幸せに暮らしていた一家の日常は、ひとりの男の蛮行により無残にも奪われた。

茨城・つくば市高齢夫婦殺人事件

容疑者不明／未解決

何者かの侵入を防ぐかのごとく民家に設らえた玄関前・鉄柵の怪奇

二〇一八年一月一日。茨城県つくば市の民家の二階で小林孝一さんと妻の揚子さんが頭などを執拗に殴られ殺害された。

警察発表によれば、夫婦は一七年一二月三〇日午後七時半ごろに近所のスーパーで買い物をしてから帰宅した。翌三一日の午前七時ごろに揚子さんの友人が家を訪ねたものの、何の応答もなかったという。スーパーから帰宅し、友人が訪ねるまでの間に夫婦は殺害されたと考えられる。

室内には物色された様子はなく、繰り返し殴られていることから、私怨などによる犯行の疑いが高いとして、夫妻の交友関係などを捜査したというが、事件と結びつくようなことは判明していない。県警には少なからぬ情報提供もあるというが、どれも犯人逮捕の糸口とはなっていない。

私は、事件現場となった家の周辺を歩いてみることにした。

家は、大型の商業施設や広々とした道路が印象的なつくば学園都市を抜け、周囲に畑や雑木林などが点在する集落の中にあった。

つくば市を取材で訪ねるのは、今回で三度目である。奇しくもすべてが未解決事件の取材である。一度

つくば市内にある事件現場となった一軒家。犯人の情報を求める看板が立てられていた

目は筑波大学内で発生した、筑波大学翻訳者殺害事件、二度目は筑波大学女子大生殺害事件である。

筑波大学女子大生殺害事件は、女性が行方不明となってから、三週間後に靴下にパンツだけを身につけ、首にブラジャーが巻きつけられた状態で発見された。遺体の状況から、彼女は他の場所で殺害され、遺棄されたと推定された。

遺体発見源は、田園地帯の雑木林の中だった。

「普段から地元の人間ぐらいしか来ないところだからな。まさかこんなところで事件が起きるとは思わなかったよ」

遺体が発見された茨城県つくば市高田の林からほど近い場所に暮らす男性が言った。

川俣さんの死体が遺棄された現場は、彼女が最後に目撃された筑波大学の周辺から車で走って三〇分ほどの時間がかかる場所だった。

この事件から感じたのは、車が主要な交通手段であるつくば市周辺では、犯人は車を使って、人気の無い場所で比較的容易に犯行に及べるということだった。

そして、今回足を運んだ、高齢夫婦殺害事件の現場も周囲は木々に囲まれ、周囲の家まで五〇メートル以上離れていた。

家の前には、道路が通っているものの、昼間ですら時折、車が走っている程度で、歩行者や自転車で通る者は見かけない。ぽつんと一軒家という雰囲気ではないが、時間帯によっては、まったく人気の無い場所だった。被害者が不審者に気がつき、助けを求めたところで、声は届かず、家の前には道路が通っているものの深夜であれば、車がほとんど走ることはないだろう。

家の造りは、どこか奇妙な印象を私に与えた。玄関の前に鉄製の柵があって、直接玄関ドアに触れられないようになっている。家の一部が道路にせり出していて、そこを伝って、犯人は、室内に潜入した。鉄の柵、家の形状と、被害者の家はいびつな形をしていた。

鉄の柵は装飾の為というよりは、何者かの侵入を防ぐためというほうがしっくりとくる。被害者夫婦は、何者かに怯えながら生活していたのだろうか。そう考えると、私怨から襲われたという警察の推定にも合点がいく。

二人の生活ぶりについて、近所で聞き込みをしてみた。

「まったく付き合いが無かったから、どんな生活をしていたのかわからないんですよ。町内の掃除とかにも顔を出しませんでしたし、ただ、カラオケができるスナックを経営していたこともあったので、この地区の人が通っているということはありました」

夫婦が暮らしていたのは、新興の住宅街が目に入ってくるつくば市の中でも、古くからの歴史のある地区だった。被害者宅の周囲には、立派な長屋門のある古民家が目についた。

地区の住民同士の繋がりの強い地域で、近所とはスナックの営業を通じて、付き合いをしていたという。掃除などの地区の決まりごとに参加しないことで、夫婦は浮いた存在なのかと思ってしまうが、違った形で、地区とは繋がりを持っていた。

人付き合いに長けた夫婦だったのかもしれないなと思った。

事件から六年の年月が経とうとしているが、犯人はいったい誰なのか。ここで私が思い浮かんだのが、同じ茨城県で起きた、この本でも取り上げている一家殺傷事件である。

あの事件も当初は、部屋が荒らされていなかったことから、恨みによる犯行ではないかという推測がされていた。ところが逮捕された犯人は、一家とは何の縁もない、ただ人を殺したかったという若者だった。

そう考えると、私怨からの犯行ということも頭に入れながら、殺人に快楽を覚える者の犯行ということも視野に入れなければならないのではないか。そうなると、民家も少なく、田園地帯が広がるつくば市周辺は、犯人が闇の中に紛れてしまいやすい。

犯人が一日でも早く捕まることを願いたい。

第五章

洗脳

福島悪魔払い殺人事件

江森幸子／死刑

祈祷師・江森幸子に殺害された六人は、
瀟洒な家で彼女と一緒に暮らす
信者たち

教祖の江藤が信者と暮らし、嫉妬などから信者を殺めた家

福島県須賀川市。一九六四年の東京オリンピックで銅メダルに輝いた円谷幸吉の故郷でもあるこの町で世間を騒がす事件が明るみに出たのは、一九九五年七月五日のことだった。

現場となったのは、JR須賀川駅から車で一五分ほど走った場所にある住宅街だ。付近には田園風景が広がり、のどかという言葉がぴったりとはまる土地だが、起きた事件は悪魔祓いによるもので、風景とは裏腹に陰惨な殺人事件であった。

現場となった家は、住宅地の中でも、ひと際目立つ瀟洒な家だった。その家の主だったのが祈祷師の江藤幸子（当時四七歳）。彼女による悪魔祓いと称した暴力によって男女六人が亡くなり、遺体となって発見されたのだった。

被害者の六人は江藤からお祓いを受ける為この家で暮らしていた信者たちだった。

江藤は悪魔祓いをすると称して、被害者以外の信者たちと、太鼓のバチなどで六人を殴打し殺害するに至ったのだった。

事件発覚前、江藤の家には一〇人以上の信者が暮らしていた。中には一家で移り住んだ者もいた。江藤の洗脳によって、夫が妻を殺害したり、子どもたちが死んだ両親の傍で暮らすなど、異様な状況下で生活を送っていたのだった。

事件の発生した一九九五年、オウム真理教の麻原彰晃が逮捕されたこともあり、オウム真理教の事件の影に隠れてしまった事件ではあったが、両者は宗教者による犯罪という点において、共通性があった。

二〇一七年、実際に現場を訪ねてみると、今も事件が起きた家が当時のまま残っていた。

「まさか、こんな事件が起きるとは思いもしなかったですよ。江藤さんが逮捕された日、朝起きて、外みたらまわりは警察官と車だらけでびっくりしたんです。しばらくして、友達から電話が掛かってきて、目の前の家で人が殺されたみたいだよって言うんです。えっ、まさかって思いましたね。人の出入りはありましたけど、不審な事というのは特になかったんです」

近所に暮らす菅野さん（仮名）が言う。

「彼女がここに引っ越してきたのは、事件の一〇年ぐらい前だったと思うんです。当初は化粧品のセールスレディーをやっていたので、私も化粧品を買ったりしたから、付き合いもあったんです。家に招かれたこともありましたよ」

菅野さんの話を聞く限り、江藤は祈祷師となる前は、どこにでもいる平凡な主婦であった。

江藤は県内の高校を卒業後、化粧品の販売員となり、その後高校の同級生だった男性と結婚。この場所に家を建てた。

「彼女は、かなり見栄っ張りなところはありましたね。格好は派手でしたよ。高い調度品を集めていたり、当時は手に入れるのが大変だった銀木犀の木を植えたり、家の石や屋根の瓦なんかも、高いものを使っていました。車も二台あって生活も派手でしたよね。旦那さんも会社の社長然としていて、地味ではなかったですね」

マイホームを手に入れ、側から見る分には生活は安泰のようにも見えた。

「どうも旦那さんがギャンブルが好きだったみたいで、そのことにも悩んでいたみたいなんです。さらには、旦那さんの仕事もうまくいかなくなって、家のローンの支払いにも困るようになったんです」

生活に暗い影がさしはじめると、江藤が頼ったのは、拝み屋だった。

拝み屋とは民間の祈祷師のことで、結婚や引っ越しなど人生の節目となる時には、拝み屋のもとへ足を運び、お伺いを立てることが、この地方では珍しくないという。

江藤は拝み屋のもとへ通ううちに日常の悩みから解放されていった。そして、化粧品のセールスレディーをやめて、自身が拝み屋となり、信者を集めるようになっていった。それがこの事件のきっかけであった。

江藤は、人に相談できない悩みを拝み屋に話し、心が満たされたことによって、宗教に傾倒していくようになる。さらには須賀川の拝み屋だけでなく、栃木や岡山の新興宗教に入信した。そして、自ら神と名乗りお祓いをするようになると、不特定多数の人間たちがそのマイホームに出入りするようになった。

被害者の三木護さんと和子さんは、娘の理恵さん、高校生の二女、中学生の三女の一家五人で入信した。そのうち護さん、和子さん、理恵さんの三人が犠牲となった。入信のきっかけは、糖尿病を患っていた護さんが、江藤のお祓いを受けたところ、治ったことだった。

溺れるものは藁をも掴むという言葉があるが、江藤のもとには一〇人の信者が集まった。

江藤は神を名乗りながらも、共犯で逮捕された元自衛官で自分より年下の根本裕を愛人とし、信者から金を巻き上げた。純粋な信者たちの信仰心の裏で、〝神〟だった江藤は欲と金にまみれていたわけである。

欲望が行き着くところまでいき、ついに事件が起きた。情夫の根本に色目を使った女性信者に嫉妬し、太鼓のバチで叩き殺害したのだ。

家にはまだ布団などの家財道具が残されていた

江藤が使ったものだろうか、家には仏具がそのままになっていた

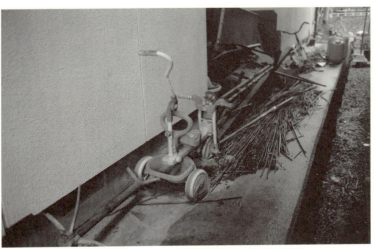

この家では幼い子供が暮らしていたこともあり、三輪車が放置されたままになっていた

宗教を隠れ蓑に己の欲望を満たすため、いつしか祈祷は、恐怖で信者たちを繋ぎ止める為の手段となっていった。

江藤は事件の発覚を防ぐため、死体を寝かせていた部屋に大量の脱臭剤を置き、信者たちに大量のタバコを吸わせるなどして、近所に知られないようにしていたという。室内は、事件から三〇年近い年月が経っているにもかかわらず、江藤が使っていた数珠などの宗教道具、布団などの生活用品が、時が止まっているかのように残されていた。それでも不審な雰囲気を隠し通すことはできなかった。今も隣りに暮らす住民が言う。

「夜な夜な、がざがさ家に出入りする足音が聞こえて、太鼓の音もうるさくてね。あと魚が腐ったような、甘ったるい臭いがしてきたんですね。親族が何度か信者になった人を助け出そうとしたりして、おかしな雰囲気はあったんですよね」

ひとりの信者が、江藤の家から脱走したことによって、ついに警察が動き出した。捜査の手が伸びたのは、一九九五年七月五日のことだった。

かつては江藤と付き合いもあったという近所の主婦菅野さんが言う。

「現場に入った捜査員の人から聞いたんですよ、玄関を開けたら、嗅いだことがないような臭いがしたんですって。それだけじゃなくて、床一面に蛆虫が這っていたそうです。一階の奥に八畳間があるんですけど、そこには布団が敷いてあって、腐った死体が顔だけ出して寝かされていたと聞いてます。こんなひどい現場は見たことがなかったって言ってましたよ」

八畳間で腐敗した男女六人の遺体が発見されたのは、梅雨の時期ということもあり、一部の遺体はすでにミイラ化していた。菅野さんが言う。

「とにかく、臭いとものすごい蛆虫の数だっから、そのあとしばらくお米を食べることができなかったって」

経験豊富な捜査員さえも驚かせた遺体発見現場。まさに宗教家ではなく、心が鬼となった鬼神のなせる所業だった。

その後の裁判で江藤幸子には死刑判決が下され、二〇一二年九月に刑が執行され刑場の露と消えたのだった。

あさま山荘事件
連合赤軍／主犯・坂口弘死刑
革命を夢見た山岳ベースを訪ねて

二〇〇七年一二月、氷ついた路面を気にしながら、ゆっくりと別荘地の中の道を歩き、事件で亡くなった警察官の慰霊碑を過ぎると、テレビ映像で見慣れた浅間山荘は、変わらず存在していた。

一九七二年の冬に発生した連合赤軍浅間山荘事件。日本中がテレビの前に釘付けとなった現場は、静寂の中にあった。時おり微かな風の音が、耳元を吹き抜けていく。木々の間からは、雪を被った浅間山が冬晴れの青空の下、くっきりと見えた。

事件と同じ年に生まれた私は、事件当時の状況を知らない。そんな私が共産主義というものに興味を持つきっかけとなったのは、ネパールで反政府武装闘争をしていたネパール共産党毛沢東主義派、通称マオイストの取材をしてからだ。

「人民のため、ファシスト政権を打倒するために闘っています。戦争で命を落とすことは怖くありません。人民のために闘うのは義務だからです」

そして、彼らは本当に望んでいたのか、なかったのか、革命という名の下に命を落としていったのだった。

ネパールでの取材を経て、私は日本の左翼運動について取材をするようになり、中でも興味を持ったの

1972 年の冬、連合赤軍がたてこもったあさま山荘。今もひっそりと同じ場所に建っている

は連合赤軍だった。

赤軍派、京浜安保共闘という二つの組織が連合してできた連合赤軍は、革命の為の暴力を肯定し、日本における既存の左翼組織とは一線を画していた。


連合赤軍が、日本政府と戦う為に根拠地としたのが、群馬県榛名山である。私は浅間山荘を訪ねた後、車を走らせ榛名山へ向かった。いつもの年なら榛名湖が結氷し、多くの釣り客で賑わう榛名湖周辺だが、今年は記録的な暖冬の影響で、湖が結氷しておらず、榛名湖周辺は閑散としていた。

連合赤軍が榛名湖にベースを定めたのも、多くのワカサギ釣りの客に紛れることができ、怪しまれないからだったという。事実、当時からホテルを経営している男性は言った。

「まさか、ここにいるとは思わなかったよ。毎年冬はかき入れ時だから、人が多くてわからなかったよ」

ベースがあった山林に足を運んだ。さすがに山林の中は、暖冬とはいえ雪が積もっていた。おそらく三五年前は、もっと雪が深かったに違いない。果たして、こんな山林に篭り、しかも五〇人にも満たない人数で、如何にして革命をやろうと考えていたのか、あまりに現実離れしている。そして、連合赤軍は一二名の同志を殺害したのだが、ここ榛名山では八名を殺害した。

「ぴりぴりとした緊張感が漂っていて、重苦しい雰囲気でした」

ベース内の様子を語るのは、連合赤軍兵士として榛名山ベースにもいた植垣康博氏である。一九九八年に甲府刑務所から出所し、現在は静岡市内でスナックを経営している。

「あんなことはしたくはなかった。しかし決定したからにはやる。殺したくて殺したのではありません。仕事としてやりました」

きっぱりと植垣氏は言った。アイスピックを心臓に刺すことには何の迷いもなかったという。どうして同志殺害という状況を生み出してしまったのか。

「二つの組織が連合したことにより、組織の中の主導権争いから、森さんの観念の世界に入ってしまいました」

ソビエトのスターリン、中国の毛沢東、カンボジアのポルポトを見ても、党派内での主導権争いから粛清をおこなっている。そう考えると、連合赤軍内の同志殺害も共産主義者が抱える宿痾ではないか。

榛名山と妙義山を線で結んだ中間地点に、倉渕町という杉の山林に囲まれた村がある。倉渕町は連合赤軍が榛名山で死に追いやった同志八名を埋めた場所である。

現在、その場所はどうなっているのか、訪ねてみた。村に入り、一軒の農家を訪ねると今年七〇才になる老人が死体が発見された当時のことを話してくれた。

「死体が発見された時、検死をするのに死体を洗わなきゃならないから、ここから山までバケツリレーで水を運んだよ。その時、死体が見えてね。真っ白で、まるでロウ人形みたいだったよ」

当時の杉林は、村有地だったのだが、事件からしばらくして、村長が売り払い、今は養鶏場になっているという。老人の家から車で五分も走ると、養鶏場に着いた。

元連合赤軍兵士植垣さんが同志の恋人を失った迦葉山にあった山岳ベース跡

連合赤軍が山岳ベースで殺めた同志を埋めた場所には慰霊碑があった

従業員の男性に、連合赤軍の取材で来た旨を告げると、現場を案内してくれた。四〇代の男性従業員に事件について感想を聞いた。

「残酷極まりないことだと思いました。内輪モメでもあそこまでやりますかね」

事件の話をした後、やはり八人が埋められていた現場である。「幽霊などの怪奇現象はないか」と聞いた。すると、あっさり、「ありません」という答えが返ってきた。この養鶏場では毎朝二〇万個の卵が、出荷されているという。連合赤軍の死体が埋められていた場所が、今では人々の命を支える現場となっている。

養鶏場の建物から、少し離れた場所に、養鶏場で死んだ鳥を弔う石碑があった。その横に、高さ三〇センチほどの小さな石碑があった。従業員の男性が、連合赤軍の死者を弔う石碑だと教えてくれた。最近では、訪れる人も殆どいないという。苔むした石碑は、静かに何かを語りかけているように思えた。

死体埋葬現場に戻り、現場写真を撮ろうと思い、小高い丘に登ると、養鶏場の建物の向こうに、連合赤軍のベースがあった榛名山が見えた。夜中に榛名山から車に乗って、死体を埋葬しに来た彼らは、この場所から榛名山を眺めることなどなかっただろう。私はしばし、榛名山を眺めたのだった。

オウム真理教事件

起訴一九二人／主犯・松本智津夫「麻原彰晃」死刑

麻原王国へと繋がる干拓の地「金剛村」

ＪＲ八代駅の小さな改札口を出ると、がらんとした駅前は人通りもまばらだった。近くに化学工場があるのか、薬品の匂いが鼻につく。

ここ熊本県八代市は、オウム真理教の教祖麻原彰晃が生まれ育った土地である。一九五五年三月二日、麻原彰晃こと松本智津夫は、市の中心部から車で二〇分ほど走った場所である干拓地の金剛村で生を受けた。一九九五年の地下鉄サリン事件では乗客一三人を殺害。さらに松本サリン事件、弁護士一家殺人事件、団体職員の殺害など、数多の凶悪事件を起こし、世間を震撼させた。

球磨川河口に広がる干潟に目をつけ、干拓事業をはじめたのは、寛永九年（一六三二年）に肥後に入国した細川忠利である。細川氏の入国から明治の廃藩置県までの二四〇年の間に、一五三カ所の干拓地ができた。八代市に広がる八代平野の三分の二が江戸時代以来の干拓地であるという。干拓地というのは、地縁も血縁もない入植者たちによって、形成される村である。干拓地には、九州だけでなく、遠く長野県から入植する人々もいた。故郷を捨てた人々が、新たな夢や望みを託す場所である。のっぺりとした平たい干拓地には、人々の夢や欲望がぎっしりと詰まっている。

麻原の父親も夢や希望を干拓地に追い求めた一人だったのだ。

二〇〇九年夏、八代市内からレンタカーで、麻原の生家のあった場所を訪ねた。市内から球磨川を渡ると、見通しの良い平野が広がる。

麻原の生家の場所を確認するために、彼が通った小学校の近くで、農作業をしていた初老の男性に、声をかけてみる。麻原という名前はやはりタブーなのか、麻原の生家の場所はどこですかと尋ねると、麻原という言葉を聞くと男性はしかめ面をして、ぶっきらぼうに、「川向こうだよ」と言うと、そっぽを向いてしまった。この近くであることに間違いはないのだが、男性の態度から事件の大きさを改めて感じずにはいられなかった。

次に尋ねた三〇代の男性は、すんなりと場所を教えてくれた。生家の場所は、最初に場所を尋ねた初老の男性がいた場所から歩いて三分もかからない場所にあった。

生家あとを訪ねると、六歳で盲学校に通うまで暮らしていた家は既になく、空き地となっていた。麻原は一九六一年に生家のすぐそばにある金剛小学校に入学するのだが、その半年後に熊本市内にある盲学校に転校する。

麻原は、左目がほとんど見えなかったのだが、右目の視力は1・0近くあったという。盲学校に通う必要はなかったのだが、全盲の兄が将来、麻原が全盲になった時に備え、鍼灸の技術だけでも身につけさせておきたいと考え、盲学校に入れたのだという。それと、家庭の経済的な理由もあった。盲学校に通えば、経済的に困窮していた麻原の一家は、国からの補助金により、寄宿舎の食費が免除される。九人兄弟の麻原の一家にとって、食費を浮かせることができる寄宿舎に麻原を送ることは死活問題と言っては大袈裟かもしれないが、経済的な負担はかなり軽減するのであった。

麻原一家が暮らした干拓地は江戸時代に開かれ、金剛干拓地と呼ばれている。麻原の父親が、一九四〇年代に移り住んだのだった。

麻原の父親は、豊富に採れる葦草を利用して畳屋をやっていた。麻原の一家だけでなく、この土地での生活は厳しかった。生家近くに暮らす男性は言う。

「昔はムギが主食で、米はあんまり食えなかった。イモを植えても親指ぐらいにしかならない、痩せた土地だから、生活は大変だったよ」

一九五七年、麻原が生まれる前年に金剛干拓地に入植した人の手記があるので、抜粋したい。

一雨降れば、干拓地の水田は、まったくの泥沼と化し、一週間も冠水したままである。しかも、日照りが続くと、田ん圃はからからに干上がってしまい、亀裂が生じて手の施しようがない。（中略）苦労して植え付けられた苗も、水不足や塩害のため枯れてしまい、真っ赤になっている。まったく目も当てられないありさまである。関係者は、一体どうすればよいか、と、呆然として立ちすくんでいる。

当時の生活の厳しさが偲ばれる記述だ。

オウム反対運動を続けていた竹内さんが富士宮で撮影した麻原（竹内さん提供）

教団施設内部（竹内さん提供）

教団施設内部（竹内さん提供）

教団施設内部（竹内さん提供）

教団施設俯瞰（竹内さん提供）

教団施設内部（竹内さん提供）

麻原が逮捕された第六サティアン跡

麻原の一家は九人兄弟で、麻原を含めた三人が目に障害を持っていた。麻原と年齢が一一歳離れた全盲の長兄は、写真家・藤原新也氏のインタビューの中で、幼少の頃、生家近くの水路で、貝や海藻を採って、食べていたことから、兄弟に眼病が多いのは、水俣病によるものではないかと言っている。家から目と鼻の先にある水路は八代海に繋がり、さらに水俣湾へと繋がっている。水俣病云々は置いといても、麻原一家が経済的に困窮していたことは間違いない。

盲学校へと通った麻原は、二〇歳までその盲学校の寄宿舎で過ごし、その後熊本と東京を行き来しながら、二二才の時に東大法学部を目指すと言って、東京の予備校に通いはじめる。その予備校で教祖の妻となる石井知子と出会う。

この頃から、宗教へ傾倒していき、阿含宗へ入信する。宗教に興味を持ったのは、長兄から創価学会や阿含宗に関する本を薦められたことからだという。

三年ほどして麻原は阿含宗を脱会する。理由は、永代供養などの金を請求する金権体質だったという。

一九八三年夏、鳳凰慶林会というヨガ教室を開設、後にオウムの会と改名し、オウム神仙の会を経て、オウム真理教へと至る。麻原はヨガの修行者から、宗教家へと変貌していく。

果たして、何が彼をしてオウム王国を作らせたのか、やはり幼少時代、幼くして家族と離れ、両親の愛情に恵まれなかったことも大きかったのではなかったか。

そういった意味で、彼にとって八代市金剛という土地は、愛憎入り交じった土地であるに違いない。

麻原の記憶を求めて、私はさらに集落の中を歩いてみた。麻原と同年代と思しき人たちに話しかけてみても、幼少時代にこの土地を去ってしまった麻原のことを覚えている人には、出会うことができなかった。

麻原一家のことを覚えている老婆には出会うことができた。

「お父さんは悪か人ではなかったよ。腕のいい職人さんだったよ。事件のだいぶ前には、仕事をやめていたけどね」

老婆にとって、オウム真理教の麻原彰晃は、金剛村の松本智津夫として記憶が残っていた。

「麻原彰晃じゃなかばってん、松本智津夫は、何度か青山弁護士と何度かここに来ていたよ、小屋みたいだった家も大きくしてね。子供の頃のことはよく覚えてないんだよ。毎日仕事に出ていて、家におらんけん」

老婆の記憶では、麻原の一家は大陸からの引揚者だった。

「父親が満州から引き揚げてきて、炭坑夫をしていたおじさんのところで、世話になってね。ここに来る前はお父さんも炭坑夫をしていたみたいだよ。それからここで畳屋をはじめたんだよ、田は無かったから農業はしてなかった」

話を聞き終えて、挨拶をして立ち去ろうとすると、老婆はぽつりともらした。

「智津夫はかわいそうな子だった」

老婆は何を思いその言葉をもらしたのか、近所の住人として、幸せとはいえない麻原の幼少時代に思いを馳せて、その言葉をもらしたのか。世間からは稀代の悪人でしかない麻原彰晃、彼が生まれ育った土地では、世間とは違った眼差しで麻原を見つめる人の姿があった。

白装束集団「パナウェーヴ研究所」事件

団体施設・関連会社全国一二ヶ所を捜索／罰金五〇万円

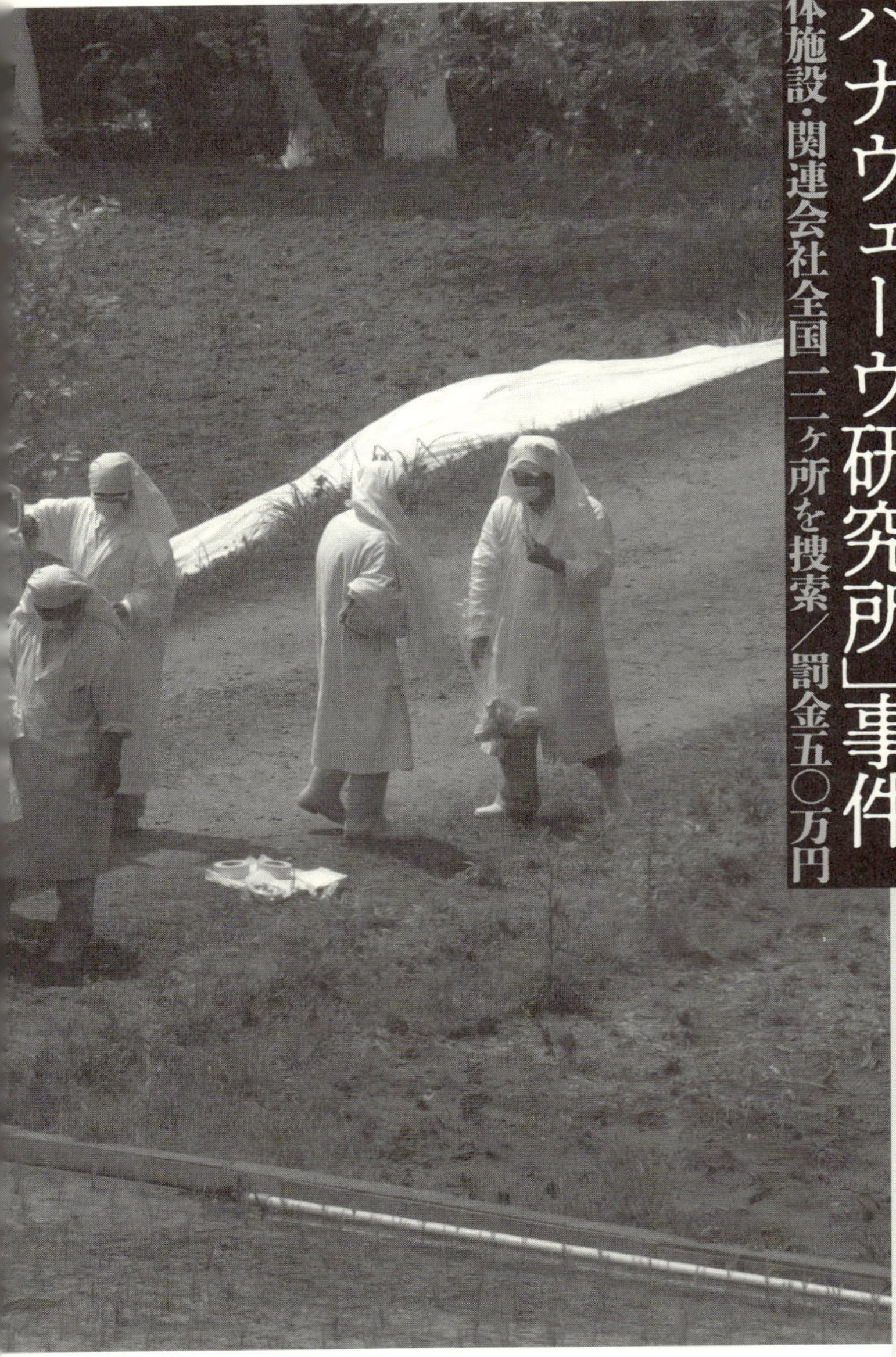

福井県五太子町、山間の開けた場所にある異様な教団施設

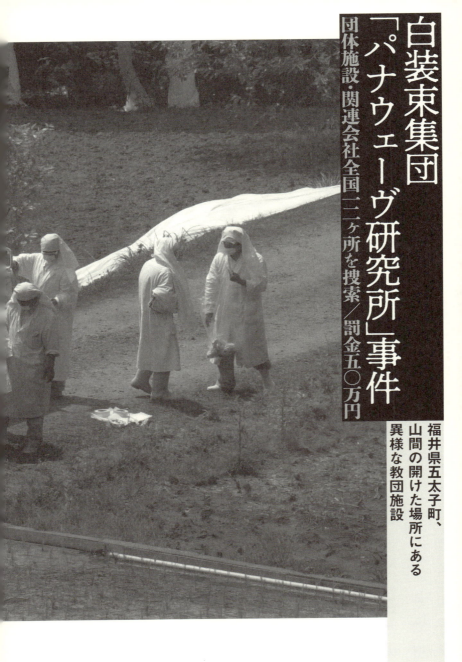

何日も着替えていないのか、装束は薄汚れが目立ち白装束ではなくなっていた

二〇〇三年五月二二日、福井県五太子町にある謎の白装束集団パナウェーブ研究所の教団施設裏の崖から施設内を撮影していた。施設内には一〇人ほどの信者の姿があった。崖から向かって二台目の車の横では三人の信者が疲れているのだろうか座りこんでいた。すかさずレンズを向けた。すると三人の信者は、レンズが向けられているのに気づくと立ち上がって、その場を離れてしまった。

白装束集団を前日から取材していたのだが、当初は堂々とレンズを向けても全くと言っていいほど無反応だった。ところがこの日は、明らかに気にするようになった。

「またカメラマンが来ているわ」

崖の下から信者の話す声が聞こえてきた。施設内では昨日と変わらず千乃会長に飲み物を届けたり、犬の散歩をさせたり、何の意味があるのか、新聞紙か何らかの紙を丸めて作ったようなバット形の棒で、何かをぶつぶつ言いながら頭を叩いたり、尻を叩く儀式を行っていた。叩く回数はだいたい一〇回未満だろうか。叩く人間は決まっていて。叩かれる人間も大概決まっているようだった。いつも崖から向かって四台目の車の横に座りこんでいるメガネをかけた信者が呼び出され、叩かれているのだった。昨日は「元気出して」だとか「気合いれろ」などといいながら叩いていたのだが、今日は叩く人間の掛け声も違った。

「カメラマンに負けるなよ」

その後何人かを叩いたあと、叩き役の男が僕に施設内から叫んだ。

「帰れ」

それでも無視してレンズを向けていると、教団の施設内から、三人の白装束が、私の所へやってきた。

「プライバシーの侵害です。撮影を止めてくれませんか」

「撮ったフィルムを出しなさい」

白装束集団はかなり興奮していた。何と、そう言うや否や、白いタオルを振り回しながら、襲い掛かってきたのだった。

私は懸命にカメラを守り、同行していた記者が、彼らの蛮行を止めて、何とかその場は収まった。

この乱闘騒動が、白装束集団との思い出となっている。

二〇一〇年、大騒動となった現場を訪ねてみることにした。

福井市内から、車で一時間。のどかというよりは、どこか侘びしさを覚える谷沿いの道を、二〇〇三年に取材した記憶を辿りながら走っていると、山合いの大きく開けた場所に、彼らの施設は変わらず存在していた。

二〇一二年には、施設の周りだけでなく、河原から山の斜面まで、かなりの面積が白い幕で覆われていたのだが、現在は、その当時より白い幕が減ったようだ。それにしても異様な光景であることは間違いない。

施設に繋がる農道の脇には、一台の白いバンが止まっていた。ダッシュボードにビデオが取り付けられ、人の出入りを監視している。白いバンに乗った監視人を無視して、白い幕で覆われた施設に向かって歩いて行くと、施設の入り口では、白い白衣は着ているが、下はジーパンを履いた中年の男が車を洗っていた。

施設にカメラを向けていた私に気がつくと、すぐに男が血相を変え、「写真を撮るな」と言って近づいてきた。

パナウェーヴ研究所。白い布で覆われた教団施設

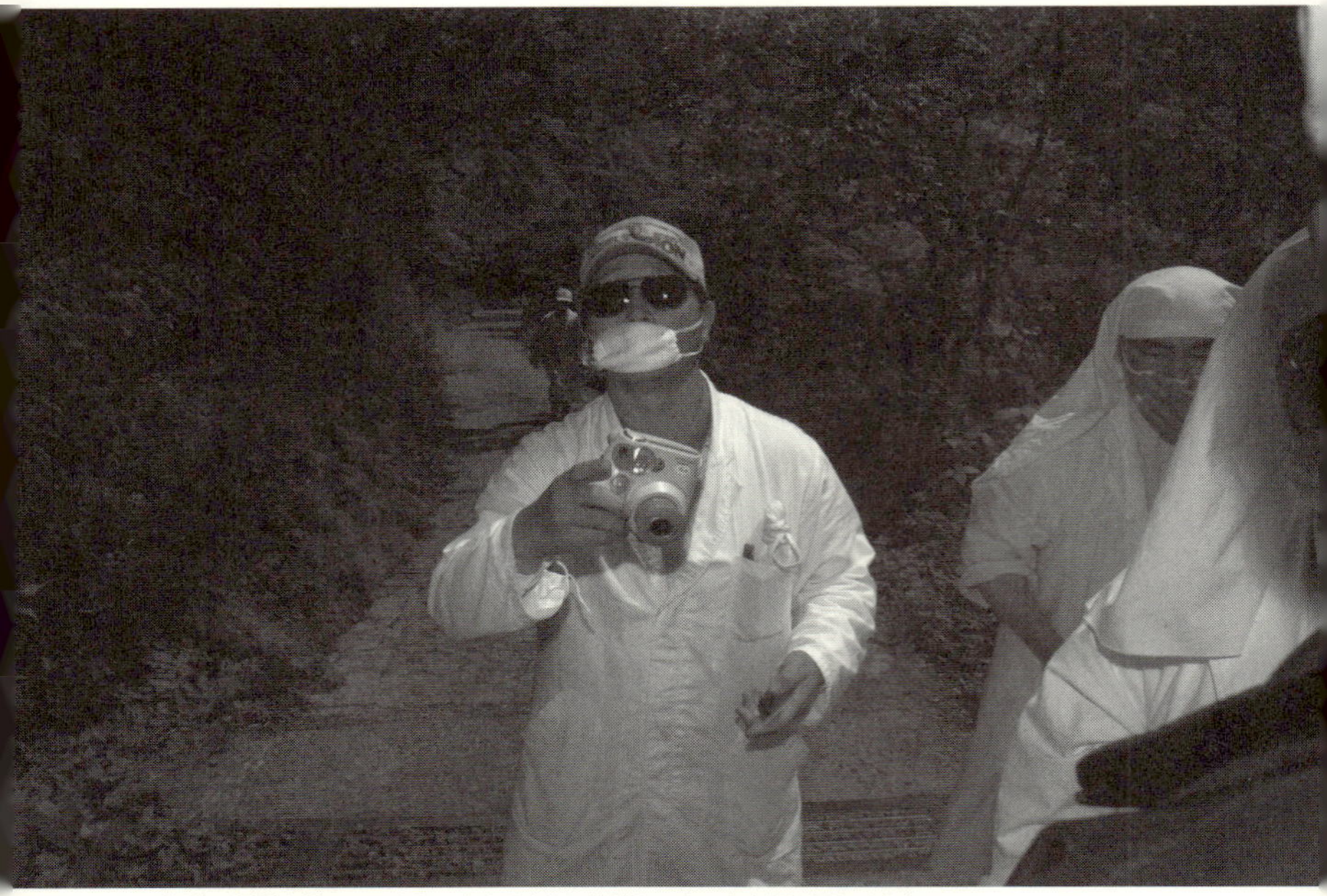

施設の撮影を続けていたら、止めるように抗議し、白い布を振り回してきた

教団施設内、疲れ果てている信者の姿が目立った

しばらくすると、施設の中から、ひとりの白装束を着た男が出てきた。

「写真は、撮らないで、話ならするから」

と男が言うので、一通り写真は押さえたので、施設前を離れ、話を聞くことにした。

年齢は五〇代だと言う男は、教団に入って四年になる。以前は会社勤めをしていたのだが、白装束集団の教祖である故千乃裕子会長の著書を読んで、感動し入会したのだという。ちなみに教団は千乃裕子が一九七七年に設立し、二〇〇三年に一二〇〇人の信者がいた。教義に感動するのはいいが、二〇〇三年八月には、信者の死亡事件も起きている。その点を尋ねた。

「当時は千乃会長がスカラー波の攻撃を受けていたので、その除去作業中で、あのような事故がおきてしまったんです。皆さんも正しい答えがそのうちわかり、年月が解決してくれるでしょう」

理解に苦しむ答えが返ってきた。男は真面目に答えているだけに、性質が悪い。

施設の外で、ジーパン姿で監視をしている信者に何で白装束を着ないのか、尋ねると、ぼそりと言った。

「常識で考えてください」

その答えを聞いて、思わず噴出してしまった。そして、まともな感覚もあるじゃないかと、安心感を覚えた。

パナウェーブ研究所が五太子町にやって来たのは、今から二〇年以上前のことだという。二〇〇三年にマスコミで騒がれるまでは、特に問題も無く、住民と暮らしていた。畑仕事をしていたお婆さんに、最近の様子を尋ねると、「何してるか、よくわからんねぇー」と、あまり関心の無さそうな返事が返ってきた。

町は過疎化が進み、目につくのは老人ばかりだ。先ほどの老婆に、以前の町の様子を尋ねると、懐かしそうに話した。

「昔は盆踊りもやって賑やかなもんだったよ、三〇年くらい前から、若いもんが市内に出て、村が寂しくなったんだ」

市内に仕事を求め、若者たちが流出すると、彼らと入れ替わるように、街から心に悩みや不安を抱えた若者たちが、この村にやって来たのだった。

規模を縮小しながらも、現在も五太子町で活動を続けている。白装束集団パナウェーブ研究所はどこに向かおうとしているのだろう。

おわりに

「何で事件の取材をしているんですか？」

以前、『日本殺人巡礼』（集英社文庫）という本を出した時に、著者インタビューに来てくれたライターの方からそんな質問をされた。

答えた内容ははっきりと覚えていないのだが、単刀直入の質問だけは、はっきりと覚えている。

あれから七年。今も事件取材を続けているが、時おり、何でこんなことをしているのかなと、自問自答することがある。強いて答えを探せば、もちろん生活の糧を得るためでもあるし、この本でも取り上げている、吉田有希ちゃん事件など、冤罪であると個人的に信じる事件が存在することにあったりする。さらには、事件を起こした犯人が生まれ育った背景というものに興味を覚えるのだ。犯人の背景を探るうえで、犯人の家に足を運ばないことには、取材は成立しない。

今回、家に焦点を絞って、一冊の作品としようと思ったのは、私のアイデアではなく、編集を担当してくれたノンフィクションライターの高木瑞穂さんからの提案である。この場を借りて、発表する機会を与えていただいたことに感謝申しあげたい。

これからも犯人たちが育った家にも目を向けていく。今回の作品は、事件取材を巡る、途中報告ということでもあり、今後、家とは違ったまた新たな視点が見つかるかもしれない。事件を巡る旅は続いていく。

取材時には、多くの方々のお世話になりました。ありがとうございました。

二〇二四年八月　八木澤高明

主要参考文献

『復讐するは我にあり』佐木隆三（弦書房）
『別冊新評』　第19号（新評社）
『誘拐』本田靖春（文春文庫）
『私戦』本田靖春（河出文庫）
『群馬県重要犯罪史』池田正映（高城書店）
『われ生きたり』金嬉老（新潮社）
『涙の谷』福田和子（扶桑社文庫）
『木橋』永山則夫（河出文庫）

殺め家《アヤメヤ》

2024年 9月26日　第1刷発行
2024年11月11日　第2刷発行

著　者　　八木澤高明

発行人　　尾形誠規
編集人　　高木瑞穂

発行所　　株式会社鉄人社
〒162-0801
東京都新宿区山吹町332オフィス87ビル3階
TEL　03-3528-9801
FAX　03-3528-9802
https://tetsujinsya.co.jp/
デザイン　奈良有望(サンゴグラフ)

印刷・製本　株式会社シナノ印刷

ISBN978-4-86537-284-7 C0036